ANDRAL

LA MÉDECINE FRANÇAISE DE 1820 A 1830

PAR

EM. CHAUFFARD

PROFESSEUR A LA FACULTÉ DE MÉDECINE DE PARIS
INSPECTEUR GÉNÉRAL DE L'ENSEIGNEMENT SUPÉRIEUR
MEMBRE DE L'ACADÉMIE DE MÉDECINE
MÉDECIN DE L'HÔPITAL NECKER

PARIS

LIBRAIRIE J.-B. BAILLIERE ET FILS

19, rue Hautefeuille, près du boulevard Saint-Germain

1877

ANDRAL

LA MÉDECINE FRANÇAISE DE 1820 A 1830

PARIS. — E. DE SOYE ET FILS, IMPR., 5, PL. DU PANTHÉON.

ANDRAL

LA MÉDECINE FRANÇAISE DE 1820 A 1830

PAR

M. CHAUFFARD

PROFESSEUR A LA FACULTÉ DE MÉDECINE DE PARIS
INSPECTEUR GÉNÉRAL DE L'ENSEIGNEMENT SUPÉRIEUR
MEMBRE DE L'ACADÉMIE DE MÉDECINE
MÉDECIN DE L'HÔPITAL NECKER

PARIS

LIBRAIRIE J.-B. BAILLIERE ET FILS

19, rue Hautefeuille, près du boulevard Saint-Germain

—

1877

ANDRAL

LA MÉDECINE FRANÇAISE DE 1820 A 1830

Le 13 février 1876 s'éteignait, après une courte maladie, l'un des plus illustres représentants de la médecine française. La Faculté de médecine de Paris perdait, en Gabriel Andral, l'un des professeurs qui avait porté le plus haut la gloire, et marqué le mieux l'esprit de son enseignement; l'Académie des sciences et l'Académie de médecine, l'un des médecins, qui, demeuré fidèle à l'observation clinique et aux leçons sévères de la tradition, avait néanmoins le plus contribué à engager la médecine dans les voies nouvelles que le progrès des autres sciences lui ouvrait; l'un des acteurs principaux de la rénovation médicale accomplie dans la première moitié du siècle, un véritable législateur de l'art, suivant l'expression de Bordeu.

Une telle personnalité vaut assurément qu'elle ne disparaisse pas sans être étudiée, sans que l'on ait retracé sa physionomie véritable et la portée de son action au milieu de l'un des mouvements scientifiques les plus intenses, et, au demeurant, les plus féconds de ce temps. Nul n'a pris une part plus active qu'Andral à ce mouvement; il l'a suivi ou poussé dans toutes les directions utiles, modéré dans la précipitation qui parfois le faisait dévier, réfréné et combattu alors qu'il s'égarait dans les voies d'un système et d'une pratique funestes. Ça été le rôle d'Andral de se mêler à tous les débats confus et ardents au milieu desquels s'organisait la médecine contemporaine, et d'y exercer une action prépondérante, sans rien perdre cependant de son calme d'esprit, de son impartiale sérénité, de la sûreté de son jugement, sans épouser aucune cause exclusive, si ce n'est celle des vérités en quelque sorte nécessaires, sans s'inféoder à aucune idée systématique, à aucune passion doctrinale, et en recueillant tous les éléments de progrès, d'où qu'ils vinssent.

Entreprise et consommée dans la lutte, toute imprégnée du souffle de rénovation qui agitait, vers 1820, toutes les intelligences médicales, l'œuvre d'Andral ne peut être mesurée qu'en la replaçant dans le milieu d'où elle s'est dégagée. Elle succède à celle des faibles doctrinaires qui suivaient Pinel, et à celle des anatomo-pathologistes purs qui, comme Prost et Bayle, se dévouaient tout entiers à l'étude des lésions, et laissaient en arrière l'histoire animée des symptômes, l'évolution vivante de la maladie ; elle se place entre l'œuvre de Laënnec et celle de Broussais, s'inspirant de toutes les deux, mais le plus souvent pour vulgariser, soutenir et développer la première, pour combattre les exagérations, les entraînements dangereux, les erreurs subversives de la seconde ; elle accompagne enfin ou précède l'œuvre de Cruveilhier et de Louis, et concourt avec celles-ci à lever cette moisson de faits et de rapports pathologiques, dont se sont nourries toutes les générations élevées à l'Ecole de Paris. L'œuvre laborieuse et si étendue d'Andral est tellement liée à l'histoire médicale de son temps, que, le plus souvent, raconter l'une c'est raconter l'autre ; elle se confond incessamment avec l'expansion scientifique, rapide et hardie, qui remplit les dix dernières et belles années du gouvernement de la Restauration, années durant lesquelles tout semblait se renouveler en France, les sciences, les lettres et les arts.

La double étude que nous nous proposons, celle qui concerne l'œuvre d'Andral, et celle qui touche à l'histoire médicale du même temps, semblent circonscrites dans les horizons spéciaux et limités de la médecine. Est-ce cependant une raison pour que les médecins seuls s'y intéressent? Les hommes qui aiment et cultivent la science générale savent qu'il n'y a pas de mouvement scientifique isolé ; les sciences s'entretiennent, surtout celles d'ordres voisins, et ce qui agite les unes n'est pas sans remuer les autres. Les sciences biologiques ont conquis aujourd'hui une place considérable dans l'ensemble des sciences ; leurs progrès, pour être venus les derniers, n'en sont ni moins saisissants, ni moins féconds en résultats ; et surtout ils sont de ceux qui, éclairant la vie et ses profondeurs, amènent aux contemplations les plus larges des choses. Or, la médecine est l'un des plus vastes côtés des sciences biologiques. On pourrait même dire que c'est par elle que les sciences biologiques ont pris naissance, et pénétré dans l'intelligence réelle de leur sujet. C'est dans l'ordre médical qu'ont surgi toutes les grandes vérités de la science des êtres vivants. L'histoire de nos doctrines et de nos luttes ne saurait dès lors rester indifférente à ceux que l'étude de la vie préoccupe et entraîne. La médecine aujourd'hui, considérée dans son ensemble, n'est plus seulement un art reposant sur les indications générales ou locales, déduites de l'état morbide; elle est aussi une science vraie, ayant ses principes et ses lois que contestent uniquement ceux qui les ignorent, et se déroulant dans la plus vaste succession de phénomènes et de rapports qu'aucune science puisse offrir; elle a donc conquis le droit de faire entendre sa voix dans le puissant concert de nos connaissances, et d'être écoutée de tous ceux qui s'attachent à l'étude des progrès scientifiques. Elle a sa part et son action dans la marche des sciences, et il n'est plus permis de demeurer indifférent ou étranger aux problèmes qu'elle a agités, alors même qu'elle ne les a pas entièrement résolus. La médecine sans doute n'est pas une science achevée; mais quelle science l'est, et le sera jamais?

Et ce ne sont pas seulement les biologistes qui ont intérêt à nous connaître, à étudier ce que nous savons de la science de l'homme; ce sont encore les philosophes. C'est l'une des pensées auxquelles je me suis le plus attaché que toutes les grandes vérités métaphysiques se retrouvent, pour qui sait les chercher, vérités biologiques et médicales, et réciproquement. Les vérités premières de la science de l'homme sont identiques sous des apparences diverses, qu'il s'agisse de l'homme moral et intellectuel, ou de l'homme organique et vivant, de l'homme sain ou du malade. L'homme est un, cela se retrouve en toute connaissance dont il forme l'objet. Aussi, de jour en jour, la métaphysique se rapproche-t-elle de la biologie, y trouve une représentation particulière de ses doctrines, et des éléments inattendus de développement. Même certains ont cru que la métaphysique disparaîtrait dans ce rapprochement, et serait absorbée par la biologie pure; il est peut-être plus vrai de dire qu'elle y retrempe sa vigueur, et qu'elle est destinée à réformer bien des jugements systématiques, bien des erreurs, et bien des négations dans lesquelles, par ignorance métaphysique, tombent les études biologiques. Quoi qu'il en soit, les philosophes et les biologistes ont intérêt à ne pas ignorer entièrement nos efforts et nos travaux, nos traditions vivaces, nos systèmes portés sur les acclamations d'un jour et s'évanouissant avec lui, nos affirmations éphémères, nos contradictions persistantes, et, à travers tout cela, notre connaissance de plus en plus profonde de la vie et de ses modes. Nous leur offrons un spectacle instructif et qu'ils ne doivent pas dédaigner. S'il a ses misères, il a ses grandeurs, et les unes comme les autres fournissent des lumières qui durent, et peuvent éclairer au-delà de notre enceinte.

Pourquoi donc ne pas tenter d'écrire une page de notre histoire

pour tous ceux que l'histoire de la science et de la philosophi
intéresse? Et dans ce cas, quelle histoire plus mouvementée que
celle de ces années fécondes? Fut-il un temps où les problèmes
fondamentaux de la médecine aient été plus agités dans tous les
sens, où les solutions contraires aient été plus ardemment opposées
les unes aux autres? Et en ce temps, est-il une œuvre qui, mieux
que celle d'Andral, réflète toutes les agitations courantes, les lueurs
nouvelles qui surgissaient, les aspirations et les incertitudes de ces
jours pleins de sève et d'espérances? et cela, tout en gardant une
mesure, une élévation, une égale justice dans l'appréciation, qui
forment un singulier contraste avec les emportements de polémique,
que Broussais et son école avaient substitués aux allures ordinaires
de la science, aux habitudes calmes et graves de Pinel.

La vie de celui dont je veux raconter l'œuvre a été une vie de
retraite autant que de science. Je dois, au préalable, l'exposer briè-
vement. Gabriel Andral naquit à Paris, le 6 novembre 1797. Son
père, médecin du roi Murat et consultant de l'Empereur, comptait
plusieurs générations de médecins parmi ses ascendants. Il appartenait à une de ces vieilles familles, presque dignes d'être appelées
hippocratiques, où l'honneur professionnel et l'amour de la science
et de l'art se transmettaient de père en fils comme une noblesse héré-
ditaire. Les débuts d'Andral, dans la carrière médicale, furent singulièrement précoces. Il était docteur en médecine en 1821, et
agrégé de la Faculté en 1823 après un brillant concours. Les succès
universitaires d'alors ne se faisaient pas attendre pour les intelligences bien douées, après les longues guerres de l'empire qui avaient
fauché de si larges moissons d'hommes, et jeté sur les champs de ba-
taille une jeunesse enlevée prématurément aux études libérales. Ces
succès ne furent pourtant pas ceux qui valurent à Andral l'autorité
dont il jouit de si bonne heure. Dès 1820, il commençait une série
de publications qui laissaient voir l'activité de son esprit, l'étendue
de ses connaissances. Déjà il avait publié plus de vingt mémoires
sur des sujets variés d'anatomie comparée, de thérapeutique expé-
rimentale, d'anatomie pathologique surtout, lorsqu'en 1823 parut le
premier volume d'un ouvrage qui allait placer d'emblée son auteur
au premier rang parmi les observateurs contemporains. La *Clinique
médicale* d'Andral comptait quatre volumes en 1827. Une seconde
édition, commencée en 1829, fut portée à cinq volumes.

Cet ouvrage avait pour base un choix d'observations recueillies à
l'hôpital de la Charité, dans le service de Lerminier. Lerminier était
un praticien instruit, sage, que sa profession absorbait, et qui, placé
à la tête d'un grand service d'hôpital, s'appliquait à le diriger de
son mieux, sans puiser dans cette mine abondante, et sans utiliser,

au profit de la science, les matériaux que chaque jour lui apportait. Heureusement Lerminier avait accueilli comme disciple, ou plutôt comme un collaborateur, comme un jeune ami qu'il protégeait et dont il était fier, ce docteur d'hier, infatigable au travail, curieux de faits, savant en doctrine; et c'est à cet accueil libéral que Lerminier doit aujourd'hui d'être connu de nous tous : car Andral, dans le titre comme dans la préface de son livre, a placé le nom de son maître, en lui reportant une partie de l'honneur que la *Clinique médicale* allait promptement valoir à son auteur. Sans juger pour le moment cet ouvrage considérable, nous dirons seulement qu'on ne peut ne pas admirer le labeur de chaque jour qu'il suppose. Ce vaste recueil d'observations est dû tout entier à un médecin qui avait à peine alors vingt-six ans ; et ce recueil de faits est, en outre, l'objet de commentaires variés, sagaces, souvent profonds, marqués de page en page par la maturité de l'esprit et la sûreté des appréciations, inspirés des plus larges doctrines, luttant courageusement contre les entraînements systématiques du jour. La *Clinique médicale* est demeurée peut-être le plus beau titre scientifique de celui qui l'a écrite. Ce livre conçu d'un jet, où circule une sève abondante, une ardeur contenue, où règne le désir de voir, de connaître et de juger, une inaltérable sincérité, ce livre n'a pas vieilli ; et il reste comme un document important et toujours utile à consulter.

La *Clinique médicale* touchait à peine au terme de sa publication, qu'Andral livrait au public, en 1829, un *Précis d'anatomie pathologique* en deux volumes. Cet ouvrage annoncé et impatiemment attendu était la systématisation, au point de vue de la connaissance des lésions, de tout ce qu'avaient révélé à son auteur les observations insérées dans la *Clinique*. C'était l'ouvrage didactique, l'étude générale des faits succédant à la collection et à l'histoire des faits particuliers. Andral transformait ainsi l'œuvre qu'il avait entreprise ; il la présentait sous un autre aspect, et par cela même il l'agrandissait.

De tels travaux valurent à leur auteur une renommée rapide ; ils désignaient l'agrégé de la Faculté de médecine pour une chaire de professeur, sitôt qu'une vacance permettrait de la lui attribuer. Cette désignation, la voix publique la faisait d'autant mieux qu'à toutes ces publications importantes, qui se succédaient si vite sans être, ni paraître hâtives, Andral joignait les labeurs de l'enseignement libre. Il faisait, chaque année, un cours d'anatomie pathologique, et ces cours obtenaient le plus vif succès. Ils étaient soigneusement préparés, et nous avons entre les mains un discours d'ouverture du cours de 1825, de tout point remarquable. Aussi Andral, en 1828, recevait-il sa nomination de professeur à la Faculté de médecine. On lui donnait la chaire d'hygiène. Cette chaire ne répondait pas à la direction de ses études, aux luttes scientifiques dans lesquelles il était si engagé. C'était une chaire d'attente; il la quitta en 1830 pour prendre la chaire de pathologie interne. Celle-ci même ne pouvait fournir à son activité un champ suffisant; il lui fallait une chaire consacrée aux plus hautes questions de la science et de l'art, où fussent agitées toutes les certitudes, comme toutes les fluctuations de la médecine, où la discussion des doctrines médicales pût trouver tous ses développements, où les lois générales de la pathologie pussent être formulées et enseignées. Cette chaire on l'avait créée, après 1830, pour l'offrir au grand agitateur des doctrines médicales, à celui qui avait un moment subjugué toute l'Europe médicale. Broussais l'avait donc occupée, mais sans y augmenter sa gloire, en y montrant trop souvent les défaillances de son génie, les misères et les arguties auxquelles l'entraînait la défense à outrance d'un système qui déclinait et croulait. A la mort de Broussais, en 1839, la chaire de pathologie générale fut confiée au seul homme de ce temps qui pouvait l'occuper. Andral fonda cet enseignement, l'éleva et le maintint à la hauteur qui lui revient. Il s'y consacra tout entier, et, dans les dernières années, il essaya de le renouveler en remontant aux origines mêmes de la tradition médicale. Au milieu du tourbillon et des bruits du travail contemporain, il tenta de ramener les esprits aux saines et fortifiantes études de l'histoire; entreprise hardie, et que ne favorisaient guère les courants du jour.

Andral possédait tous les dons du professeur. Sa parole était grave sans être froide, chaleureuse sans être déclamatoire, sobre sans sécheresse, élevée sans être obscure, convaincue sans être celle d'un systématique. Par-dessus tout elle avait l'autorité et commandait le respect; elle était l'image de son caractère éminemment digne, sérieux et bienveillant. Fuyant toute vaine et bruyante popularité, il réunissait autour de sa chaire un auditoire d'élite, sincèrement respectueux, qui savait tout ce que valait l'enseignement qu'il venait recueillir.

Andral ne se bornait pas aux travaux et aux recherches incessantes que nécessitaient ses leçons officielles de la Faculté. Il ne perdait pas de vue le but qu'il s'était proposé dès le commencement de sa carrière : poursuivre l'étude des lésions, rattacher à celles-ci tous les symptômes morbides qu'elles suscitent, en déduire une connaissance plus exacte de la maladie. Ce programme, il l'avait réalisé, dans la mesure et suivant les moyens d'analyse que comportait alors la science, en ce qui concerne les organes et les tissus organiques, ce que, dans la langue du temps, on appelait les solides de l'économie.

Mais, éloigné de toute idée exclusive, il n'oublia pas, comme ses contemporains, l'importance qui revient dans l'économie aux humeurs, au sang en particulier, générateur de toutes les humeurs. Il comprit que la description de l'altération des qualités physiques du sang devenait insuffisante, et qu'il fallait demander à l'analyse des parties constituantes de ce liquide, une connaissance plus avancée de ses altérations. De cette pensée naquirent les *Recherches sur les modifications de proportion des principes du sang dans les maladies.* Il s'associa pour ces travaux, demeurés célèbres, M. le professeur Gavarret, plus tard M. de La Fond, professeur à l'Ecole vétérinaire d'Alfort, lorsqu'il s'occupa de l'étude du sang dans quelques espèces animales. Ces travaux devinrent la base de l'*Essai d'hématologie pathologique*, publié par Andral en 1842. Les recherches expérimentales sur la composition et les altérations du sang furent suivies d'études entreprises, toujours en collaboration avec M. Gavarret, et relatives à la quantité d'acide carbonique exhalé par le poumon dans l'espèce humaine. Ces études firent connaître plusieurs faits intéressants. Elles semblèrent clore les travaux pratiques d'Andral. Bientôt après il entra dans les sereines régions de l'histoire pour ne plus les quitter ; il reporta l'activité de son esprit vers l'intelligence de l'ancienne médecine, de la médecine grecque surtout, d'Hippocrate à Galien.

Au milieu de ces travaux, dont avaient tant à espérer ceux qui aiment les études synthétiques, ceux qui aspirent à connaître les liens vivants et indissolubles qui unissent le passé au présent et à l'avenir de la médecine, qui ne veulent ni du rejet de nos traditions, ni de l'immobilité stérile où amène un respect inintelligent et aveugle ; au milieu, dis-je, de ces travaux d'un caractère si élevé, Andral, absorbé par des devoirs de famille auxquels il voulut se vouer sans réserve, se retira prématurément de la vie active et professionnelle. Sans perdre de vue la science, en suivant, au contraire, et d'un œil attentif, les progrès et les transformations qu'amenaient, dans l'anatomie pathologique, l'emploi du microscope et les procédés nouveaux d'analyse chimique, il abandonna sa chaire, et l'on n'entendit plus que rarement sa voix.

Andral appartenait à l'Académie de médecine depuis sa fondation en 1823 ; il entra à l'Académie des sciences en 1843 ; il était membre de la plupart des corps savants de l'Europe ; et, dernièrement, le président de la Société royale de médecine et de chirurgie de Londres, sir James Paget, à la réunion annuelle de la Société, appréciait, en termes justes et élevés, l'œuvre et la vie scientifique du maître qui avait jeté tant d'éclat sur la médecine française.

L'action d'Andral sur la marche de la médecine contemporaine a été profonde, avons-nous dit; elle subsiste plus réelle qu'on ne croit; il s'agit maintenant de l'apprécier.

I

La médecine française, vers 1820, semblait ne connaître qu'un but et qu'une étude : découvrir, analyser les lésions déterminées par la maladie sur les tissus et les organes, et faire de ces lésions le point de départ de la description symptomatique des maladies et le fondement du traitement. L'anatomie pathologique, dont hier encore le nom n'existait pas ou était à peine prononcé, devenait tout à coup la partie essentielle de l'histoire des maladies, et seule semblait donner à cette histoire un caractère scientifique. C'était toute une transformation qui s'opérait, et le temps a montré combien elle devait être profonde.

Ce n'est pas que l'utilité de la connaissance des lésions n'eût été reconnue déjà et professée par d'illustres médecins. Dès que la médecine, affranchie avec les autres sciences, quitta enfin la voie stérile des commentaires pour se livrer à l'observation libre de la nature, elle pressentit qu'elle avait à demander à la nature morte des révélations qui éclaireraient la vivante; et peu à peu elle s'accoutuma à l'idée d'ouvrir et d'étudier les corps que la vie avait abandonnés, afin d'y chercher les causes et la raison de cet abandon. Mais ce sentiment restait à l'état naissant. La médecine d'observation, servie par d'immortels génies, se rattachant à Hippocrate, trouvant pour adeptes des hommes tels que Fernel et Baillou, Sydenham et Morton, Baglivi et Torti, Stoll et de Haën, et tant d'autres, se limitait trop volontiers à la contemplation des mouvements vivants, et de l'ensemble symptomatique dans la maladie; elle composait ainsi des tableaux que la science moderne admire et étudie encore; elle ne soupçonnait pas tout ce que cachaient ces tissus livrés à une dissolution prochaine, et sur lesquels la maladie avait laissé sa marque, et comme son sceau propre et révélateur. La médecine ancienne, dépourvue des secours de la nécropsie, avait dû s'adonner surtout à l'étude de l'état général du malade, que les larges empreintes et les symptômes synthétiques de la maladie suffisaient à révéler; et en cela, elle avait témoigné d'un rare génie d'observation; mais elle ignorait presque entièrement ce que l'on a appelé l'état local, lequel est indissolublement attaché à la lésion organique, à la détermination locale de la maladie. On voit quelle part de la maladie lui échappait, la plus sûre et parfois la plus utile à connaître; si bien que Bichat avait pu s'écrier avec l'assentiment de ses contemporains : « Qu'est l'observation si l'on ignore là où siége le mal ? »

Telle était la médecine en honneur vers la fin du siècle dernier, malgré les tentatives de quelques anatomo-pathologistes qui avaient voulu engager la science en d'autres voies. Cependant le dernier et le plus fameux de ces médecins qui ouvraient l'avenir, Morgagni venait d'écrire un impérissable ouvrage bien propre à montrer quelles richesses de connaissances livraient les travaux pénibles de l'autopsie. Morgagni, cet auteur qui ne trompe jamais, *irrefragabilis auctor*, comme l'appelait Haller, devint le modèle et comme le promoteur direct du mouvement médical qui devait passionner les esprits. Nombre de médecins, à son exemple, comprirent que la médecine bornée à l'observation des symptômes avait fini son temps; qu'à côté du jugement de l'état général, il fallait placer la connaissance de l'état local; que la distinction des espèces morbides ne pouvait se perfectionner et s'accroître que par l'étude approfondie des lésions. Bientôt nul ne contesta ces nécessités du temps; elles éclatèrent surtout après 1816, date de l'*Examen* de Broussais. Les uns les subirent sans entraînement, attardés ou louangeurs indolents du passé, acceptant ce qui se faisait plutôt qu'y prenant une part active; les autres se livrèrent tout entiers à la recherche des lésions laissées par les maladies, chacun y apportant d'ailleurs son tempérament; ceux-ci avec le calme et la patience voulue par ces recherches, ceux-là avec l'ardeur bruyante des néophytes, les théories précipitées que les investigations nouvelles suscitent.

Ainsi s'organisa cette puissante école anatomo-pathologique qui reconnaissait pour chefs Bayle et Laënnec, que tant de disciples devaient illustrer, et à laquelle la science était déjà redevable de découvertes mémorables. Cette école, laborieuse et féconde, s'attachait à l'étude des altérations anatomiques, comme à l'un des éléments essentiels de la connaissance des maladies, sans prétendre cependant tout réduire à cette connaissance, sans faire de la lésion toute la maladie. Elle ne considérait pas la lésion comme cause première et raison même de la maladie; elle laissait la maladie au-dessus de la lésion. Celle-ci était un effet, et quelque considérable que fut cet effet, quelque rang qu'il tint dans la succession et la production des phénomènes morbides, il n'en demeurait pas moins effet, et la constitution de la maladie restait comprise suivant les enseignements de la tradition. La tradition était agrandie, mais non bouleversée; elle s'enrichissait de faits nouveaux sans sombrer devant ces faits.

Ces idées étaient larges et sages, progressives et non révolutionnaires; et il est à remarquer qu'elles furent celles de tous ceux qui, à cette époque, firent faire à l'anatomie pathologique ses plus réels progrès, et marquèrent la place élevée qu'elle devait occuper dans l'ordre médical, celles de Bayle et de Laënnec, d'Andral ensuite et de Cruveilhier. Aussi cette école se rattachait-elle volontiers à celle de Pinel, qui, tout en s'appuyant sur des notions anatomo-pathologiques encore bien vagues, déclarait surtout respecter et continuer la médecine d'observation. Elle se rattachait plus directement encore à l'enseignement de Corvisart qui, tout en conservant le culte des mêmes traditions, s'appliquait à perfectionner le diagnostic anatomique et local, celui en particulier des affections de poitrine et de cœur. Corvisart toujours armé des aphorismes d'Hippocrate, de Boërhâve et de Stoll, aussi bien qu'habile à l'exploration des organes, réunissait autour de lui de nombreux et ardents disciples, observant, recueillant des faits, apprenant à explorer les parties malades. « Pour la première fois peut-être, dit Andral en parlant de ce maître éminent, un médecin était parvenu à exciter autour de lui l'enthousiasme le plus vif, sans professer aucun système. »

En écrivant ces lignes, en 1823, dans le Discours préliminaire de sa *Clinique médicale*, Andral assistait aux acclamations bruyantes d'un autre enthousiasme qu'il ne partageait pas, et que, depuis 1816, suscitait un système qui s'attribuait le nom de physiologique, et que révélait au monde médical l'auteur de l'*Examen de la doctrine médicale généralement adoptée*. Depuis la publication de ce long et hardi pamphlet scientifique, Broussais dominait la scène, fanatisant les uns, subjuguant les autres, ne rencontrant de résistance que dans l'Ecole anatomo-pathologique qui travaillait à fonder l'Ecole de Paris. A ce moment, cette école, si elle n'eût eu pour elle la découverte de l'auscultation et l'âpre et dédaigneuse résistance de Laënnec, eût pâli et momentanément disparu devant ce que l'on appelait alors l'Ecole du Val-de-Grâce. Ce n'est pas que celle-ci repoussât l'étude et l'importance des lésions dans l'histoire des maladies. Loin d'être hostiles en principe à la recherche des altérations anatomiques, Broussais et ses adhérents proclamaient que ces altérations sont le fait majeur et causal de la maladie. La lésion, d'après eux, n'est plus un effet de la maladie, elle en est le point de départ, le fait primordial. Il n'y a rien avant elle, et tous les symptômes de la maladie, quels qu'ils soient, sont un effet direct ou indirect de la lésion ; direct, si, symptômes locaux, ils se rapportent immédiatement à la lésion ; indirect, si, symptômes généraux ou éloignés, ils ne se rapportent que médiatement à la lésion, et sont provoqués par la mise en jeu des sympathies, sous l'action de la lésion locale. Voilà, convertie en système médical, l'anatomie pathologique ; elle tourne au préjugé et à l'erreur, en voulant devenir la médecine toute entière ; il n'y a plus de maladie à vrai dire ; il n'y a que les *cris des organes souffrants*, ou mieux que le cri de l'organe primitivement affecté ; et ce cri, on va le voir, est toujours le même. Si l'on décrit des groupes de symptômes, et que l'on donne à cette description un nom spécial de maladie, on crée, suivant Broussais, un être imaginaire, on fait de l'ontologie ; et dans le vocabulaire mis en honneur par lui, être un médecin ontologiste, c'est être un médecin hostile au progrès, fermé à la lumière, un obscurantiste et un rétrograde. A quoi bon les descriptions minutieuses, la recherche des signes les plus délicats des maladies, la poursuite des formes et des espèces morbides? Tout cela, c'est travailler au maintien ou au retour de l'ontologie médicale. Une seule chose importe, c'est de connaître l'organe primitivement souffrant, et comment il est souffrant ; tout le reste survient par l'éveil et l'enchaînement des sympathies, et demeure un fait secondaire.

Le cri de l'organe primitivement souffrant, Broussais n'en connaît guère qu'un, celui de la muqueuse de l'estomac et de l'intestin. Tout part de là et aboutit là ; l'estomac n'est pas, seulement le plus sensible et le plus intolérant des viscères ; sa souffrance est l'origine de toutes les souffrances de l'économie ; il ne sait pas souffrir seul ; il entraîne tous les autres centres et organes à souffrir avec lui. Alors même que ces autres souffrances semblent seules se faire entendre, l'estomac souffre derrière elles et avant elles : il est le vrai promoteur de tous les troubles que l'on croirait, au premier abord, indépendants de lui. Si l'estomac est le seul ou le premier centre lésé dans les maladies, il y a à ajouter ceci, qu'il ne sait souffrir aussi que d'une façon ; il est toujours irrité ou enflammé, suivant les degrés du mal. Le monde extérieur et ses agents sont comme des ennemis toujours en éveil contre lui ; il n'est pas un seul de ces agents qui ne puisse exciter outre mesure cet organe si aisément irritable ; et s'il n'est pas surexcité du dehors, il est surexcité du dedans ; car tous les actes organiques retentissent sur lui, et si ces actes acquièrent une intensité passagère ou une suraction durable, c'est l'estomac qui pâtit et s'irrite. De là vient le rôle prépondérant et même exclusif que jouent la gastrite et la gastro-entérite dans la pathologie systématique de Broussais. Elles deviennent l'unique maladie, ou la compagne tyrannique de toutes les maladies ; il n'y a plus que l'inflammation de l'estomac, et plus qu'une thérapeutique, celle qui répond au mode inflammatoire, le seul régnant, l'unique auteur de toutes les altérations organiques, quels que soient leur forme, leur aspect, leur siége, leur évolution. La diète prolongée, car l'aliment devient un irritant dangereux pour l'estomac irrité, l'eau de gomme, et surtout les déplétions sanguines au plus près de l'organe, voilà le traitement de presque toutes les maladies.

Telle était, dans ses traits principaux, la médecine systématique que Broussais imposait aux générations médicales qui écoutaient avidement sa dialectique véhémente, ses invectives déclamatoires ou grossières contre le passé médical, et surtout contre ceux de ses contemporains qui avaient acquis une autorité dans l'enseignement. Et comme cette médecine s'appuyait sur une physiologie particulière, qui représentait toutes les influences ambiantes comme des causes d'excitation, et tous les tissus et organes vivants comme doués d'une excitabilité toujours prête à dépasser la mesure, à fournir une irritation exagérée et pathologique, Broussais donna au système qu'il élevait le nom de médecine physiologique. Ce nom se répandit rapidement, et devint le nom populaire de la médecine nouvelle. Celle-ci se sépara du passé par cette épithète inattendue, empruntée à l'état sain et normal, quoiqu'il s'agisse d'un état morbide et anormal. L'épithète, au demeurant, était logique; de l'organisme malade à l'organisme sain il n'y avait que des nuances, un peu plus ou un peu moins d'irritation. On pouvait même dire que tout état de santé cachait certainement un fond pathologique; car, dans les données du système, il était difficile d'imaginer un individu, ou mieux un estomac, qui ne fut sur la pente d'une irritation quelconque.

La médecine physiologique, ainsi constituée, semblait reposer sur une base entièrement anatomique; une altération d'organe était pour elle le point de départ de toute maladie. Aussi, les médecins physiologistes s'appelaient-ils volontiers localisateurs, voulant témoigner que toute maladie était locale, reconnaissait pour cause une altération visible portant sur un point déterminé. Les affections générales se trouvaient proscrites, comme étant la négation de cette notion de la maladie. On combattait et l'on poursuivait des plus amers sarcasmes les diathèses et surtout les maladies essentielles, et l'on appelait ainsi celles dont une lésion caractéristique ne rendait pas complètement compte. La classe des fièvres essentielles, consacrée par la plus ancienne tradition, était celle que l'on attaquait avec le plus d'acharnement. Croire aux fièvres essentielles, c'était être un médecin « perfide ou semi-acéphale, » suivant les expressions de Broussais. Un cancéreux, un tuberculeux, un scrofuleux, un dartreux, un rhumatisant ou un goutteux, n'avaient rien autre qu'une irritation chronique locale; imaginer dans ces cas une affection générale de l'organisme vivant, antérieure et supérieure à l'inflammation de la partie, c'était, comme le reprochait Broussais à Bayle, « créer six êtres particuliers, qui, comme autant de puissances malfaisantes, s'insinuent furtivement, et sans qu'on sache pourquoi, dans le poumon ou dans toute autre partie de l'organisme. » Donc, en théorie, la médecine physiologique ne considérait pas seulement l'anatomie pathologique comme fournissant une part considérable dans l'histoire des maladies; mais poussant les choses à l'extrême, elle prétendait en faire l'unique fondement, et lui demander le principe de tous les faits morbides.

Si telles étaient les affirmations théoriques de la médecine physiologique, ses conclusions pratiques étaient tout autres; celles-ci arrivaient au dédain de l'étude attentive et détaillée des lésions. Qu'a-t-on besoin, en effet, de descriptions minutieuses et particulières de chaque lésion? Ce qu'il importe de connaître n'est-ce pas la nature de ces lésions? Or, cette nature est connue; c'est partout et toujours l'inflammation, trahie par l'injection sanguine, la tuméfaction, l'induration, la suppuration ou l'ulcération des tissus. La connaissance de l'organe affecté devient elle-même secondaire; c'est d'abord l'estomac, et les autres organes ne sont touchés que consécutivement; quels qu'ils soient, d'ailleurs, la nature de la maladie reste identique. Donc, toutes ces études des altérations ou vices organiques, si laborieusement poursuivis, déterminés, classés par Bayle, Laënnec, Cruveilhier, et bientôt par Andral, sont des études de pure curiosité et vaines, ou plutôt conduisent à considérer la lésion en soi, et comme un être à part. Ces anatomo-pathologistes retournent à l'ontologisme, ce qui est une irrémissible condamnation; ce sont aussi des *fatalistes*, car les lésions ainsi envisagées ont un caractère fatal; la médecine physiologique peut, seule, les prévenir et les guérir, en sachant d'où et pourquoi elles viennent, et en leur appliquant la médication qui guérit tous les maux, c'est-à-dire, toutes les inflammations. Ontologie et fatalisme, voilà deux mots destinés à foudroyer tous ces médecins qui consument leur vie dans les travaux d'amphithéâtre, et qui écrivent des volumes sur les lésions organiques. Ce ne sont pas des médecins, ce sont des *prosecteurs*, ainsi que les appelle Broussais. Ce logicien systématique veut bien étudier les lésions; « mais par les étudier, dit-il, je n'entends pas les décrire comme une pierre ou un cristal; car il me semble qu'on en fait quelque chose de pareil quand je vois l'importance qu'on donne à ces descriptions. C'est ce qui a déjà transformé ces altérations en des espèces d'êtres essentiels dont on n'ose plus contester la fatale nécessité, et qu'on regarde comme indépendantes des modifications physiologiques de nos organes. »

Je ne soutiens pas que Bayle et Laënnec n'aient parfois prêté à ces critiques exagérées. Ils ont considéré et étudié certains produits morbides, le tubercule et le cancer par exemple, comme ayant une sorte d'existence à part. Ces produits, en évoluant au sein de l'organisme, arrivaient peu à peu à le détruire; de façon que la maladie devenait comme une lutte entre le produit accidentel et fatal, et l'organisme contenant le produit. Oui, cette conception des fondateurs de l'école anatomo-pathologique est théoriquement erronée, quoiqu'en pratique bien des faits parussent la justifier, et quoique trop souvent la marche de la maladie y réponde. Mais toute hypothétique que fût cette pathogénie, combien les travaux de ces médecins demeuraient utiles; combien ils éclairaient le chaos confus des lésions organiques, et combien leurs efforts de classification, malgré les railleries de Broussais qui leur jetait l'épithète de *classificateurs* comme une injure, arrivaient à établir des distinctions fondamentales, qui depuis n'ont pas été effacées, mais plutôt agrandies et multipliées! Combien surtout de tels médecins se montraient supérieurs à toute cette école physiologique, qui faisait de l'inflammation un fait primitif, toujours identique à lui-même, alors que l'inflammation n'est qu'un mode morbide commun, comme la fièvre ou la douleur, répondant aux affections, aux états morbides les plus divers, revêtant, par conséquent, les significations les plus opposées!

C'étaient là les deux écoles qui, depuis 1816, se partageaient le monde médical: l'une école de travail, de recherches, de distinctions minutieuses, digne, patiente, et calme dans ses œuvres, réunissant autour d'elle une jeunesse laborieuse, toute vouée à la science, qui recueillait de longues observations, s'attachait à bien reconnaître les caractères extérieurs des lésions et les signes par lesquels elles se révèlent chez le malade, trop absorbée peut-être par l'étude du fait, trop éloignée des idées générales, mais préservée par cela même des témérités de l'esprit de système.

L'autre école, fondée sur une physiologie systématique à laquelle devaient se soumettre tous les faits pathologiques, affirmant une explication simple, facile à saisir, unique, de tous les faits de la santé et de la maladie, entraînant la foule par les séductions d'une interprétation nouvelle, prétendant reconstituer toute la médecine, pénétrer de clartés toutes les régions obscures de la science et de l'art, ardente et habile à la polémique, méprisant le passé, déversant le sarcasme sur les réputations les plus respectées comme était celle de Pinel, puissante dans ses invectives, accablant d'épithètes inattendues, mais portant coup, tous ceux qui ne se rendaient pas, ayant réussi à faire considérer comme ennemis de tous les progrès modernes les ennemis de la physiologie de l'irritation, matérialiste en philosophie, révolutionnaire en politique, cette école, sortie du Val-de-Grâce, exerçait une domination prestigieuse, fascinant parfois et entraînant ceux-là même qui luttaient contre elle.

Pour achever de peindre la situation médicale de 1820, et pour indiquer toutes les doctrines alors en présence et en conflit, nous devons réserver une place de second plan à une école qui avait ses représentants même à Paris, école qui avait eu ses jours de gloire, et qui ne restait ni sans honneur, ni sans influence, je parle de l'école de Montpellier. Elle assistait à ces luttes où la passion et la vie débordaient, en montrant la pérennité de ses dogmes, en affirmant leur immutabilité, c'étaient les mots employés à Montpellier. Elle se disait hippocratique, et se présentait comme le refuge où s'éteindraient toutes les agitations tumultueuses du jour. Détachez-vous de l'étude exclusive des lésions, disait-elle aux médecins; considérez plutôt les forces et les affections qui les produisent; là seulement est l'intelligence et la raison de la maladie. Broussais, de temps à autre, se retournait vers les médecins de cette école, et répondait par quelques brutalités aux justes critiques qu'ils dirigeaient contre la doctrine de l'irritation. Il leur en voulait surtout de maintenir le vieux langage médical. « *Le Mémorial des hôpitaux du Midi* et de *la Clinique de Montpellier* semble prouver, écrivait Broussais dans ses *Annales*, qu'il faut toujours, comme on l'a dit, une génération pour que les corporations médicales adoptent la langue propre à consacrer les progrès de notre science. Toutefois nous n'ignorons pas que la pratique des médecins à génies et à éléments est puissamment modifiée. Le temps seul, dont on connaît le redoutable instrument, peut faire le reste... Que les tristes suppôts de la vieille école de Montpellier aillent chercher dans leurs éléments, dans leurs diathèses, et dans leur spasme, les signes qui contre-indiquent l'emploi de ce stimulant et de tous ceux dont les succès peuvent être pareils! » Il s'agissait de l'emploi des stimulants qui provoquaient des gastrites qu'on ne voit plus aujourd'hui, mais auxquelles, affirmait Broussais, on succombait au bout de deux ou trois mois, quand ce n'était pas immédiatement.

Les doctrines de Montpellier rencontraient plus de justice et plus de déférence auprès de l'école de Bayle et de Laënnec, de Cruveilhier et d'Andral. Ces médecins reconnaissaient que l'affection du tout précède la lésion de la partie; ils savaient que l'histoire des maladies dépasse l'étude des lésions, et que la connaissance des causes, la succession et la physionomie propre des symptômes, le caractère de la vie individuelle, fournissent souvent d'éclatantes lumières, alors que l'anatomie pathologique reste muette, ou ne livre que des indices insuffisants ou trompeurs. La seule différence qui sépara réellement l'école anatomique de l'école de Montpellier, c'était la haute importance que la première attachait à la recherche des lésions; elle en faisait, autant que possible, le centre solide de l'histoire pathologique, le support visible et fixe des symptômes, le fait durable, culminant, accessible de l'évolution morbide. Faire connaître les lésions caractéristiques d'une maladie, la localiser en quelque sorte, c'était accomplir un progrès véritable, que la fortune passagère des systèmes ne devait pas effacer ; c'était retenir et fixer les médecins sur l'organisme malade, et les empêcher de se perdre dans les mirages de l'hypothèse, ou dans les conceptions métaphysiques. Ces dissidences n'empêchaient pas de proclamer la haute valeur d'hommes tels que Bordeu et Barthez. Dans la leçon d'ouverture de l'un de ses cours, Andral, en 1825, après avoir rendu un éclatant hommage aux gloires du passé, à Sydenham, à Morton, à Huxham, à Boerhaave, signalait « à une époque plus rapprochée de nous, Théophile Bordeu dont les ouvrages brillent de tant d'éclairs de génie, et Barthez, homme véritablement supérieur, que je nomme ici, dit-il, parce que malgré les écarts de sa brillante imagination, et les rêves d'une physiologie hypothétique, il a eu cependant en thérapeutique des aperçus neufs et des idées larges. »

Tout en rendant cette justice aux plus célèbres représentants de l'école de Montpellier, l'école anatomo-pathologique, on le voit, redoutait les conceptions absolues et les généralisations en trop grand honneur dans cette école. Elle s'associait, discrètement et avec les réserves voulues, au jugement que portait le redoutable systématique du Val-de-Grâce : « Barthez, homme de cabinet, disait Broussais, érudit, possédant presque l'omniscience, fonda la médecine sur ses lectures plutôt que sur ses observations, l'éloigna des organes et la reporta dans les nues. » Ce jugement, comme tous ceux que portait Broussais, dépasse la mesure ; toutefois on ne peut disconvenir que l'école de Montpellier dissertait trop, et ne scrutait pas assez la matière organique et les altérations qui la dégradent ; elle faisait plus de philosophie qu'elle ne découvrait de faits ; elle était plus traditionnelle que progressive, et, en ce temps, cela suffisait à la condamner justement.

L'École de Montpellier, avons-nous dit, pouvait revendiquer des représentants à Paris même, et ceux-ci méritent de ne pas rester entièrement dans l'ombre ; car ils s'étaient, jusqu'à un certain point, transformés dans cette atmosphère de mouvement tourmenté, d'ardeur rénovatrice, de recherches des faits, de découvertes incessantes, d'interprétations hardies, de théories contraires, de destruction des traditions, de foi en des systèmes nouveaux. Ces tenants des éternelles doctrines de l'autonomie, de l'unité, et de la spontanéité vivantes, s'étaient mis, eux aussi, à marcher en avant, comme tous ceux qui les entouraient, et ils tentaient de substituer un corps vivant et réel aux abstractions un peu superficielles et vides en honneur dans la vieille Faculté du Midi. C'est ainsi que Frédéric Bérard écrivait à Paris son livre trop oublié de la *Doctrine de l'Ecole de Montpellier*, et ce livre était une opposition directe au nominalisme étroit et fictif de Barthez ; c'est ainsi que Récamier, par ses tentatives thérapeutiques souvent heureuses, toujours audacieuses, par ses incursions rapides sur tous les domaines de la sciences et de l'art, par ses inspirations et ses clairvoyances inattendues, par ses vues trop fugitives des réalités profondes de la vie, Récamier donnait la main à l'Ecole anatomo-pathologique, et sauvegardait, d'autre part, les principes premiers et féconds de la vie et de la maladie. Il laissait volontiers ses travaux et ses conceptions à l'état d'ébauche ; mais lui et Frédéric Bérard snscitaient le sens des choses en quelques disciples fervents. Adversaires redoutables de la médecine physiologique, si la foule les comprenait mal et les jugeait parfois avec ce dédain facile qui appartient à l'ignorance, une élite de savants et de philosophes recueillait et méditait leurs enseignements. Il leur revient une bonne part dans le maintien des plus hautes vérités médicales qui, sans eux, auraient presque fui de l'horizon.

Telles étaient les doctrines et les écoles qui se disputaient les esprits, au moment où Andral vint prendre, dans les luttes de la science, sa part d'action. Longtemps ces luttes inspirèrent ses travaux ; il le rappelle lui-même, lorsque, candidat à l'Académie des sciences, il traçait le compte-rendu de sa vie scientifique.

II

Dès la publication du premier volume de sa *Clinique médicale*, Andral dessina les positions qu'il ne devait plus quitter. Dans le discours préliminaire qui ouvre ce grand ouvrage, il s'élève contre la médecine systématique, représentée alors par la médecine physiologique, et se range parmi les partisans déclarés de la médecine d'observation patiente que représentait l'école anatomo-pathologique : « comme les autres sciences naturelles la médecine doit à l'observation son origine et ses progrès ; mais plus souvent qu'aucune autre science, la médecine fut entravée dans sa marche par l'esprit de système. En établissant un parallèle entre la médecine d'observation et la médecine systématique, nous allons essayer de montrer que les faits accumulés d'âge en âge par de patients observateurs, composent la véritable richesse de la science, et en forment la base la plus solide. »

Durant tout le cours de ce parallèle, Andral montre l'excellence et les fruits de la médecine d'observation : arrivé à l'époque contemporaine il rend un hommage sans réserve à l'école de Corvisart et de Bayle, et dit que ce dernier enrichit la science d'immortels ouvrages. « C'est de cette école, ajoute-t-il, que l'on pourrait justement appeler l'école française, que sont sortis tant d'habiles professeurs, de savants écrivains, de praticiens distingués, aujourd'hui nos maîtres et nos modèles. » Parmi ce grand nombre de médecins, il déclare ne pouvoir taire les noms de MM. Laënnec et Broussais, à cause de l'influence si marquée que l'un et l'autre exercent sur la médecine actuelle. « Si l'amour de ce que nous croyons être la vérité, dit-il, nous a obligés de combattre souvent les principes de M. Broussais, cette dissidence d'opinions ne saurait nous faire méconnaître les services que l'auteur du *Traité des phlegmasies chroniques* a rendus à la science, ni nous empêcher de rendre hommage à son grand talent d'observation. » Andral marque déjà cet amour d'impartialité, cette heureuse absence de parti pris qui lui permettront de rendre justice à tous. Remarquons, cependant, que l'hommage décerné à Broussais, l'est à l'auteur du *Traité des phlegmasies chroniques*, et non du livre retentissant de l'*Examen des doctrines*. Pour Andral, ce dernier livre contre lequel il combattra sans trêve, est l'œuvre non de l'observateur, mais du médecin systématique. Il ne saurait le louer.

La *Clinique médicale* est un livre de pure et large observation. On reste saisi d'étonnement en voyant un si jeune médecin avoir pu recueillir au lit des malades un pareil nombre d'observations particulières, toutes rédigées avec une connaissance exacte des faits, des signes et des formes des maladies, des lésions autopsiques. Il semble que la meilleure part de la vie d'un médecin ne serait pas de trop pour un tel travail; les quatre volumes de la première édition, les cinq volumes de la seconde, ne renferment pas moins, en moyenne, de cent cinquante observations par volume; et l'ensemble de ces observations comprend le cadre presque entier de la pathologie, tel qu'il était fixé à cette époque. Chacune de ces observations est suivie de réflexions propres à en faire ressortir le caractère et les traits spéciaux; et enfin, après chaque grande classe de maladies, l'auteur, en un vaste et lumineux résumé, discute les points litigieux, l'histoire et la subordination des symptômes et des lésions, les questions de traitement qui se rapportent à cette classe. Andral, à vingt-six ans, livrait à la publicité une œuvre d'observateur consommé, ayant vu et jugé comme un maître vieilli dans l'enseignement et dans la pratique de l'art. A cet âge des entraînements il ne cédait à aucune précipitation, il n'épousait aucun système, ne cherchait pas quand même dans les faits la démonstration d'une théorie maîtresse; il savait les voir sous toutes leurs faces, et retrouver, en eux, les divers aspects successivement signalés par les médecins renommés; il connaissait l'art d'allier les opinions en apparence opposées, faisant à toutes une part légitime, ne repoussant que l'excommunication que chacune faisait des autres. Il montrait ainsi, dès le début de sa carrière, la souplesse, la pénétration, l'indépendance flexible et comme cachée de son esprit.

Les classes des maladies n'étaient point distribuées dans la *Clinique médicale* suivant un ordre méthodique et rationnel. Le moment n'était pas propice pour classer les maladies d'après leurs affinités de nature. La médecine était en plein mouvement de rénovation, et une bonne classification ne peut surgir que lorsqu'une science est faite, ou du moins possède et connaît ses faits généraux et essentiels. Ceux-ci étaient encore discutés en médecine; dans ces conditions-là, il était permis d'exposer les faits, en les reliant par des moyens tout extérieurs, artificiels et simples. C'est ce que fit Andral. Les maladies, dans la *Clinique médicale*, sont distribuées en maladies des organes thoraciques, des organes abdominaux, et de l'encéphale. Toutefois Andral faisait une exception à cette distribution toute anatomique; il ouvrait la première édition de sa *Clinique* par l'étude des *fièvres*. Il conservait donc une classe importante de maladies sans la rattacher d'une façon absolue à une lésion locale.

Il commençait l'histoire des fièvres par la déclaration suivante : « Soit que les fièvres essentielles décrites par les nosographes puissent être considérées comme le résultat constant d'une affection locale, soit qu'il ne soit pas toujours possible d'en déterminer le siége, il semble convenable, dans l'état actuel de la science, de désigner encore cette classe de maladies sous le terme générique de fièvres ; de cette manière on ne préjuge rien sur leur nature, et l'on se tient dans la stricte observation des faits. » Andral suivait en cela les enseignements de son maître Lerminier. Celui-ci, délaissant les classifications émises de son temps, se contentait d'employer l'expression simple de fièvre continue ou intermittente, avec ou sans affection locale évidente des organes de la tête, du thorax, et de l'abdomen. Andral admettait donc deux sortes de fièvres, les continues et les intermittentes; il divisait ensuite les continues en légères et en graves. Cette division bien simple répondait cependant à d'évidentes réalités. A coup sûr, elle a bien moins vieilli que toutes les notions sur les fièvres, imposées par la médecine physiologique, dont Andral devait bientôt subir l'influence. Il était affermi dans les opinions de Lerminier par l'enseignement du médecin le plus éminent de son temps. « Ce travail (sur les fièvres) était entièrement terminé, dit-il, lorsqu'assistant aux leçons faites par M. Laënnec sur les fièvres, pendant le mois de février 1823, je fus agréablement surpris d'entendre ce savant médecin professer, sur plusieurs points de doctrine, les mêmes opinions auxquelles M. Lerminier et moi avons été conduits par l'observation. » Cette conformité d'opinion lui parut être une présomption de plus qu'ils « avaient rencontré la vérité. » Aussi Andral, marchant sans hésitation, donne-t-il des fièvres, vers la fin du travail qu'il leur consacre, cette définition large et encore aujourd'hui acceptable : « Les fièvres nous paraissent devoir être considérées comme des affections générales, ayant également leur siége et dans les solides et dans les liquides; mais pouvant, dès leur début, se compliquer de différentes affections locales; de là divers groupes de symptômes et divers modes de traitement. »

Puis se tournant vers le fondateur intolérant de la médecine physiologique, vers les localisateurs à outrance, il ajoutait : « Plus nous avons médité l'histoire des fièvres, plus nous avons été porté à les envisager sous le même point de vue que Bordeu. Les idées nouvellement émises sur la nature, le siége et le traitement des fièvres, nous ont paru ne pouvoir être adaptées qu'à quelques cas particuliers. Cependant la plupart de ceux qui ont adopté dans toute leur étendue la doctrine physiologique semblent ne pas même soupçonner les nombreuses objections qui s'élèvent contre elle; on dirait que pour eux il n'y a rien au-delà du cercle où les a renfermés un homme d'un talent supérieur. Nés dans un autre siècle, n'eussent-ils pas été exclusivement humoristes avec Sylvius, animistes avec Stahl, mécaniciens avec Boerhaave, vitalistes avec Barthez? » Andral donc refusait de se laisser enfermer dans le cercle étroit du physiologisme régnant, et il dénonçait, non sans ironie, ceux qui aiment le joug d'un système ou le supportent docilement.

Admettre une classe des fièvres nous paraît aujourd'hui bien naturel; nous avons peine à comprendre comment la tradition médicale a pu, sur ce point, souffrir une interruption. Mais, en 1823, c'était presque un acte de courage, et il fallait s'attendre aux plus véhémentes accusations pour maintenir ce vestige du passé contre lequel s'élevaient tous les efforts et toutes les passions du jour. Andral donnait dans le cours de son grand ouvrage assez de preuves de son amour du progrès pour n'avoir à redouter aucune de ces accusations banales dont la polémique d'alors était si prodigue. Mais Broussais était, à ce moment, dans tout son prestige de réformateur. Etre *localisateur* quand même, c'était le sceau de la médecine nouvelle; elle devait vaincre avec ce signe tout le passé. Or, dans les fièvres, l'inflammation de l'estomac et de l'intestin est constante, disaient les médecins physiologistes; une lésion intestinale est à peu près constante, disait l'école anatomo-pathologique à laquelle appartenait Andral; résisterait-on jusqu'au bout à l'entraînement qui poussait à faire de cette lésion le fait essentiel et primitif de la maladie? Les maladies essentielles et générales disparaissaient de partout; pourquoi maintenir une exception, et ne pas faire des fièvres une maladie locale comme les autres? La gastro-entérite, substituée aux fièvres régnait en souveraine à ce moment; l'auteur de la *Clinique médicale* saurait-il maintenir son opposition à cette souveraineté, qui semblait le *vox populi* s'élevant en faveur du progrès? En résistant à ces pressions répétées, à cette foi du grand nombre, Andral a dû craindre de paraître lui-même exclusif et systématique, et c'était ce qu'il redoutait par dessus tout. Il voulait trouver, même dans le système physiologique, un côté de la vérité, et ne pas tout en repousser; il crut que c'était surtout dans l'étude des fièvres, que la médecine physiologique avait fait œuvre de progrès; il se résigna donc à accepter quelques-uns de ses enseignements, et sacrifia sa doctrine ou mieux sa classe des fièvres. « Les progrès de la science, écrivait-il en 1829 dans la deuxième édition de la *Clinique*, m'ont engagé à ne pas consacrer, comme dans l'édition précédente, un volume spécial aux *Fièvres*; j'ai cependant conservé avec soin toutes les observations que renfermait ce volume; mais je leur ai donné une autre place. J'ai rangé les unes parmi les observations relatives aux maladies des centres nerveux, et les autres parmi celles relatives aux maladies de l'abdomen. Différemment interprétés, les faits sont restés les mêmes. Aussi est-ce beaucoup moins sur mes opinions changeantes et progressives comme la science, que sur les faits eux-mêmes, que j'appelle l'attention des praticiens. » Il ajoute ensuite : « Eclectique par nécessité, comme l'est tout médecin près du lit des malades, je me suis efforcé de ne tenir compte des divers systèmes que pour les discuter en présence de chaque fait considéré dans son individualité; j'ai cherché ainsi à assigner à chaque fait sa valeur scientifique et pratique. Je désire n'avoir jamais oublié que les systèmes qui ont dominé la médecine n'ont été que les divers points de vue sous lesquels ceux qui ont créé ces systèmes ont successivement envisagé la vérité. »

On sent, dans ces lignes, les incertitudes qui alors agitaient Andral; loin de prétendre à l'infaillibilité doctrinale, il avoue modestement que ses opinions sont changeantes et progressives; mais en même temps il condamne la sujétion exclusive à l'un des systèmes qui ont tour à tour dominé la médecine. Il se déclare éclectique; et ce mot, qui apparaît pour la première fois dans ses œuvres, deviendra bientôt pour lui comme une déclaration de principes, une profession de foi. Nous réservons l'étude de l'éclectisme, et nos appréciations sur le rôle de dissociation qu'il a joué à l'égard des systèmes, et de la médecine physiologique en particulier ; nous avons à juger d'abord ce que signifiait au fond, et jusqu'où allait le changement d'opinion auquel Andral venait de consentir en localisant les fièvres.

Ce changement, on le signalait bien haut dans le camp de la médecine physiologique, et on en faisait un triomphe, sans pourtant considérer l'auteur de la *Clinique* comme un adepte véritable. L'un des critiques les plus distingués et modérés de l'école physiologique, Boisseau, écrivait dès la publication de la deuxième édition de la *Clinique médicale :* « Ainsi se trouvent vérifiées les prévisions des personnes capables d'apprécier la portée des intelligences ; M. Andral ne pouvait continuer à rester en arrière. Je dis continuer, parce qu'en effet, lorsqu'en 1823 M. Andral ne se contenta pas d'appeler *fièvres* les maladies dont il consignait l'histoire dans son premier volume, il n'osait rien préjuger sur leur nature, et il prétendait se tenir dans la stricte observation des faits. Depuis cette époque, la science a-t-elle fait des progrès, comme il le dit? Aucun que nous sachions. Les progrès dont parle M. Andral ne peuvent donc s'entendre que de ses propres idées, que la réflexion et le temps ont mûries, et qui, lorsqu'il est parvenu au sommet de la hiérarchie de l'enseignement, se seront sans doute étonnées d'être restées en arrière. Rattraper en courant le bateau derrière lequel on est resté, ce n'est point marcher avec le temps, c'est seulement réparer le temps perdu. » (*Journal universel des Sciences médicales*, t. LVI, 1829.)

On le voit, l'accueil des médecins physiologistes ne prenait pas une forme entièrement bienveillante. Ce même critique ajoutait à ses félicitations douteuses des conseils hautains et des récriminations franchement hostiles : » Il ne faut pas déclamer, ajoutait-il, contre l'esprit de système, réveiller des vieilleries, repousser aujourd'hui ce que l'on sera forcé d'admettre demain ; il ne faut pas édifier avec des matériaux disparates, empruntés les uns à l'observation et au jugement, les autres à l'imagination ; il ne faut pas fuir devant les conséquences de principes qui chaque jour acquièrent plus de solidité. » Andral méritait heureusement ces aigres reproches. Tout en paraissant transformer les fièvres en maladies locales, il n'en soulevait pas moins toutes les questions doctrinales qui lui avaient fait maintenir les fièvres dans la première édition de son livre ; et il donnait à ces questions la même solution qu'autrefois, ou bien, il laissait percer les mêmes doutes, les mêmes réserves et souvent les mêmes répulsions ; en sorte que la concession faite à la médecine physiologique était plus apparente que réelle, et consistait surtout en un changement de titre, en une modification de classement. Cela importait peu pour un ouvrage qui n'avait aucune prétention à une classification rationnelle et scientifique.

Les questions doctrinales discutées par Andral à propos des fièvres, se rapportent pour la plupart, en effet, aux affirmations de la médecine physiologique et d'ordinaire elles aboutissent à une contradiction de ces affirmations, contradiction émise, non point au nom d'idées systématiques ou d'un prétendu raisonnement, mais au nom seul de l'observation. Sans indiquer ici toutes ces questions, on nous permettra de signaler les principales, tant elles ont exercé d'influence sur la conception moderne des fièvres, redevenue simple développement de la conception antique.

La première question qui se posait était de savoir si les lésions du tube digestif dans lesquelles l'école physiologique prétendait absolument localiser les fièvres étaient constantes. Andral, en observateur qui a déjà beaucoup vu et beaucoup contrôlé, répond par la négative à ces termes absolus : les lésions ne sont pas constantes. Il cite des faits particuliers à l'appui ; et, en outre, faisant appel aux observations recueillies à l'étranger, il montre que certaines fièvres observées dans plusieurs parties de la Grande-Bretagne, et à Edimbourg en particulier, ne présentent pas les lésions gastro-intestinales observées communément en France ; il pressent ainsi la distinction du typhus exanthématique et de la fièvre typhoïde. Toutefois il reconnaît la très-grande fréquence de ces lésions et il puise, dans ce fait, la justification de la détermination qu'il a prise de traiter de ces fièvres en leur imposant une localisation dont il sent tout l'arbitraire. « La fréquence des lésions intestinales dans les fièvres, dit-il, nous a tellement convaincu de leur importance, que, sachant qu'elles manquent quelquefois, sachant aussi que lorsqu'elles existent, elles ne peuvent tout expliquer, nous avons cru cependant devoir parler des fièvres dans la partie de notre clinique spécialement consacrée aux maladies des organes abdominaux. » Andral n'avoue-t-il pas ici les contradictions auxquelles l'entraîne la localisation des fièvres qu'il vient d'accepter ? Cette contradiction, tout va l'accentuer de plus en plus.

Après la question de constance des lésions, une autre se présentait plus décisive encore au point de vue doctrinal ; quel était le rapport des lésions gastro-intestinales avec les symptômes, et avec la maladie elle-même ? Andral répond en mettant en lumière ce fait, que, dans les fièvres, l'intensité des lésions intestinales n'est pas toujours en rapport avec la gravité des symptômes pendant la vie. « C'est que dans toute maladie, ajoute-t-il, comme dans la dothinentérite (nom donné par Bretonneau aux fièvres continues), la lésion locale n'est pas tout ; et lors même qu'apparaissant la première, elle est le point de départ et comme le mobile de tous les désordres qui la suivent, elle ne saurait jamais être considérée que comme un des éléments de la maladie, élément insuffisant pour l'expliquer tout entière, insuffisant aussi pour en déterminer le traitement. »

Faisant appel, en outre, aux expérimentations de Magendie et de Gaspard injectant des substances putrides dans les veines d'un animal, il montrait que, à la suite de ces injections, se produisaient tous les symptômes des fièvres graves, tantôt avec lésions concomittantes de la muqueuse intestinale, tantôt sans trace de ces lésions, ni d'aucune lésion apparente. « Dans ce second cas, dit-il, les symptômes ne sauraient être attribués à une lésion des voies digestives qui n'existe pas. Dans le premier cas, qui ne voit que la lésion intestinale est encore un effet, et qu'elle ne s'est développée que par suite de l'introduction des substances délétères dans le torrent circulatoire ? » Ces lignes étaient-elles écrites par celui qui localisait les fièvres dans les maladies de l'intestin, ou par celui qui devait ranimer l'humorisme éteint, et lui rendre un caractère scientifique ? En tout cas, ces lignes étaient la réfutation directe de la doctrine physiologique qui n'acceptait les fièvres que comme l'expression d'une inflammation locale, et qui subordonnait la violence de l'expression à la gravité de l'inflammation.

Andral développe par l'analyse successive des faits son opposition aux enseignements de Broussais. Celui-ci considérait, dans les fièvres, la lésion de l'estomac comme constante et fondamentale : c'était la lésion mère autour de laquelle devaient se grouper toutes les autres lésions tenues pour secondaires, tous les symptômes, généraux et locaux, de la maladie. Or, Andral étudie avec un soin minutieux l'état de l'estomac, dans la nécropsie des individus morts de fièvre grave, et il établit une suite de propositions, dont nous citerons les principales :

« 1° On trouve l'estomac sain chez un assez grand nombre d'individus qui succombent pendant le cours d'une fièvre dite essentielle, quelle qu'ait été la forme symptomatique de cette fièvre.

« 2° Les altérations qu'on trouve dans l'estomac des individus qui meurent pendant le cours de cette fièvre n'ont rien de spécial, rien qui puisse en constituer le caractère anatomique...

« 5° Toute fièvre dite essentielle n'est pas nécessairement le produit d'une gastrite.

« 6° Les traces de gastrite qu'on trouve à l'ouverture des corps ne sauraient suffire pour rendre raison des divers groupes morbides appelés fièvres essentielles. » Enfin, dans une dernière conclusion,

Andral montre que ces traces prétendues de gastrite sont souvent de simples phénomènes cadavériques, et ne se rapportent à aucun travail d'irritation accompli pendant la vie.

Toute la construction médicale de Broussais était déjà ruinée par ces conclusions. Andral entend poursuivre l'œuvre de destruction qu'il a entreprise. L'état de la membrane muqueuse de la bouche et celui de la langue, si profondément modifiés dans les fièvres continues, semblaient aux novateurs physiologiques une démonstration vivante de leur théorie. Cette muqueuse de la bouche, desséchée, d'une couleur rouge ou sombre, souvent noire et sanguinolente, cette langue noire, sèche, fendillée, comme brûlée, tout cela n'accusait-il pas invinciblement l'inflammation intense de l'estomac? Celle-ci, que l'on ne voyait pas, pouvait-elle être différente de celle-là, que l'on voyait? Pouvait-on admettre l'irritation violente d'une muqueuse peu sensible, accoutumée à tous les contacts, comme celle de la bouche, et ne pas admettre que cette irritation n'était que la représentation de l'inflammation de la muqueuse de l'estomac, membrane d'une exquise sensibilité, et dont la muqueuse de la bouche n'est que le prolongement extérieur? Andral répond à toutes ces vues *a priori* si légèrement admises, par l'étude contradictoire des faits, et il conclut contre toutes les assertions de Broussais. S'occupant d'abord de l'état de la bouche, il en recherche la signification variée, et il résume ainsi son opinion : « Les modifications que la membrane muqueuse de la bouche présente chez les individus atteints de fièvre continue, n'annoncent pas la nature ou l'intensité de la lésion des voies digestives ; elles ne sont que l'expression d'un état général, auquel doit être subordonné le pronostic de la maladie et son traitement. » Conclusion remarquable, et qui témoigne d'un sentiment juste de ces états morbides généraux, qui commandent toute la maladie, règlent son pronostic et son traitement.

L'état de la langue était encore plus important à étudier ; c'était lui qui fixait surtout l'attention des praticiens, et c'était lui surtout que l'on regardait comme plus particulièrement en rapport avec l'état de l'estomac. Andral interroge et discute longuement les faits, et il en déduit les propositions suivantes :

« 1° Aucun rapport constant ne saurait être établi entre l'état de la langue et celui de l'estomac;

« 2° Chacune des modifications que la langue peut offrir, dans sa couleur et dans ses enduits, ne correspond pas à une modification spéciale de l'estomac;

« 3° L'estomac peut présenter, après la mort, un état semblable, quelque dissemblable qu'ait été pendant la vie l'état de la langue;

« 4° Avec un état naturel de la langue peut coïncider un état morbide de l'estomac, et avec un état naturel de celui-ci peut coïncider un état morbide de la langue;

« 5° La sécheresse et la couleur noire de la langue n'indiquent pas une affection plus grave de l'estomac, que ne l'annonce toute autre modification de la langue. »

Recherchant ensuite ce que peuvent signifier les aspects particuliers de la langue dans les fièvres, Andral montre qu'il en est plusieurs qui « liés ou non à une affection de l'estomac ou des intestins, traduisent certains états spéciaux de l'économie qui ne peuvent être combattus avec avantage qu'à la condition qu'on leur opposera un traitement spécial comme eux. » Chacune de ces propositions était en révolte ouverte contre les plus formels enseignements de l'école du Val-de-Grâce. Comme pour mieux accentuer son opposition, Andral examine plus particulièrement ce qu'indique l'état de la langue aride, noire, ratatinée, avec les lèvres et les gencives recouvertes d'un enduit sale, noirâtre, desséché. C'était là, suivant Broussais, la marque de l'inflammation gastro-intestinale poussée aux limites extrêmes, et l'indication infaillible de couvrir l'épigastre de sangsues, et d'imposer aux malades une diète austère; l'eau de gomme était à peine assez légère pour être administrée sans danger. Ici encore Andral renverse toutes ces conceptions vulgaires et traduites en pratiques nuisibles : « Ne rapportant pas davantage, dit-il, d'une manière nécessaire à une inflammation gastro-intestinale, la sécheresse et la noirceur de la langue, nous trouverons dans cet aspect de la langue l'indice d'un état de l'économie dans lequel, soit qu'il y ait ou non gastro-entérite, les débilitants de toute espèce deviennent nuisibles; ce qui ne veut pas dire qu'il faille nécessairement alors avoir recours à une médication stimulante; s'abstenir de saignée, ce n'est pas donner du quinquina. Laisser à la nature, par une médecine expectante, assez de force pour qu'elle puisse tendre spontanément à la résolution de la maladie, ce n'est pas la même chose que de déterminer par nos médicaments une réaction toute artificielle, parfois utile, mais souvent aussi sans profit ou nuisible. »

Ce travail critique et libre, Andral le poursuit sur presque tous les points de l'histoire des fièvres, et partout il dévoile les exagérations ou les fausses interprétations de la médecine physiologique. Il montre, par exemple, que la douleur épigastrique, ce cri de l'estomac souffrant d'après Broussais, est loin d'avoir la constance et la signification absolue que lui prêtait ce chef d'école. Absente ou présente, cette douleur n'est pas en rapport nécessaire avec un état déterminé de l'estomac. Andral montre de même, avec un grand sens médical, que le symptôme du ballonnement et de la tension du ventre, connu sous le nom de météorisme abdominal, n'était pas davantage l'expression d'un état inflammatoire de l'estomac ou de l'intestin : « A tous ses degrés, dit-il, le météorisme est un accident qui augmente beaucoup la gravité du pronostic. Quelle que soit sa cause prochaine, toujours est-il qu'il traduit une disposition de l'organisme dans laquelle il y a affaissement notable des forces vitales, et tendance de plus en plus grande vers une prostration que les émissions sanguines ne font plus qu'aggraver. »

Il n'était pas un de ces mots qui ne portât coup ; pas une de ces critiques qui ne dût donner à réfléchir à ceux qui n'avaient pas cédé à un entraînement sans retour. Quoi ! Toutes ces fermes assertions de la médecine nouvelle étaient démenties par un jeune médecin dont chacun vantait la sincérité, la haute intelligence, l'ardeur au travail ! Que Laënnec laissât percer sans ménagements le dédain scientifique que lui inspirait ce physiologisme moins nouveau qu'il ne semblait, œuvre surannée d'un Thémison moderne, cela étonnait peu ; car entre ces deux chefs d'école la guerre était ouverte sans trêve ni merci. Mais un médecin qui n'était encore engagé dans aucune de ces bruyantes querelles, qui n'était connu que par un travail infatigable, par une dignité remarquée de caractère, par une instruction dont l'étendue perçait dans tout ce qu'il écrivait, par le culte de l'observation, qu'un tel médecin osât ainsi contredire, une à une, les croyances médicales les plus en faveur, quels étonnements cela devait susciter chez ceux qui restaient hésitants ; quelles défections cela devait provoquer en ces temps de mêlée où souvent les combattants se connaissaient si mal ; quelles colères chez ceux qui formaient l'ardente milice que commandait l'impérieux Broussais ! Aujourd'hui nous jouissons paisiblement des vérités acquises ; elles nous permettent de poursuivre d'autres travaux ; et elles nous semblent si manifestes que nous avons peine à comprendre comment elles ont pu être à ce point méconnues. Beaucoup d'entre nous ont presque oublié ces luttes qui semblent d'un autre siècle ; plusieurs même, nouveau venus, ignorent ce qu'elles furent réellement, et combien furent obscurcies, durant une trop longue suite d'années, les plus lumineuses traditions. Ils ne savent pas quels efforts il a fallu pour restituer tout l'ensemble des vérités médicales qui semblaient englouties pour toujours. Il est bon de remettre en lumière de tels efforts qui furent la gloire des meilleurs maîtres d'alors.

Nul, dans cette œuvre de restauration, n'exerça une action plus efficace, plus soutenue, que l'auteur de la *Clinique médicale*. Cette action il la dirigeait sur tous les points. Partout il montrait avec prédilection que l'esprit de système enfante facilement l'erreur, que l'exclusivisme, quel qu'il soit, sacrifie les vérités les mieux affermies, que la voix de tous les grands observateurs conserve à travers les temps sa valeur, et qu'elle mérite d'être écoutée; et, à ce titre, il écoutait même celle de Broussais qu'il combattait ; parfois même il lui cédait au-delà de ce qui lui était dû. Il proclamait l'utilité de l'éclectisme en médecine ; il aimait ce mot, et le répétait volontiers, et nous verrons plus tard comment il l'entendait. Toutefois, nous pouvons le dire déjà, ce terme était un admirable mot de ralliement ; nul ne pouvait être plus habilement opposé à l'intolérance dogmatique qui signalait Broussais et son école. A peine prononcé, ce mot réussissait et groupait autour du jeune observateur une phalange laborieuse à qui l'avenir appartenait. Aussi, avec quels emportements léonins Broussais assistait-il à la formation de cette école, large et progressive, qui ne repoussait personne, hormis les systématiques absolus, et qui même consentait à reconnaître à ceux-ci une part d'action dans la marche ascendante de la science, à la condition toutefois que l'on sût s'affranchir de leur joug! Que l'on écoute les invectives qui retentissent dans la préface du nouvel *Examen des doctrines médicales :* « Ce mot (l'éclectisme) sert aujourd'hui de ralliement à beaucoup de personnes. Elles en ont fait la devise d'une bannière sous la protection de laquelle on peut, sans crainte d'être taxé de physiologisme ou de Broussaisisme, tirer parti de tous les préceptes de notre école, pourvu que l'on associe aux moyens que nous conseillons, dit-on, exclusivement, d'autres moyens qu'on croit appartenir à d'autres écoles.....

« Tels sont les petits moyens à l'ordre du jour dans les coteries de la capitale. Il faut surtout, en tirant parti de nos idées, quand on a eu le bon esprit de s'en pénétrer, éviter de se servir de notre langage ; sans cette précaution, nul moyen, selon l'opinion de ces Messieurs, de parvenir aux places et aux honneurs de la hiérarchie médicale. On s'expose, il est vrai, dans ces efforts de travestissement à des contradictions choquantes, à des absurdités ; on se rend même coupable d'imposture, mais qu'importe ? Le mensonge n'est plus un vice ; son apothéose est faite par un parti fameux qui croit régner pour toujours...

« Que les éclectiques prétendus, que des intrigants qui font consister leur gloire à une indépendance aussi ridicule, en fait de dogmes médicaux, qu'elle est impossible, trompent la bonne foi, la simplicité ou la paresse des académiciens étrangers à la médecine, se fassent adjuger des récompenses qui ne sont dues qu'à leurs maîtres, et marquent de loin la chaire ou le fauteuil qu'ils convoitent, que m'importe à moi qui, depuis que j'existe, ai fait le serment de n'écrire que pour proclamer la vérité ! Les insectes parlants qui repullulent aujourd'hui avec plus de force que jamais sous l'influence d'astres malins, trop visibles pour qu'il soit besoin de les montrer ; ces êtres dont le souffle flétrit tout ce qu'il touche, ont déjà dit, en lisant ces lignes, et se proposent sans doute d'écrire au plus vite, que le dépit de n'être pas là où je crois devoir être me fait tenir ce langage. Je ne puis mieux leur répondre qu'en publiant la préface du premier *Examen*, publié en 1816... »

Tristes récriminations et triste langage ! La Révolution de 1830 attribua à Broussais la chaire qu'il convoitait ; par une heureuse inspiration, elle créa, pour lui, une chaire de pathologie et de thérapeutique générales qui manquait à la Faculté de médecine, chaire de doctrine où le grand systématique pourrait à loisir exposer les dogmes de la médecine physiologique. Cette situation enviée ne servit qu'à témoigner de la décadence et de l'abandon de cet homme qui avait été si puissant sur l'opinion.

III

Andral, dans sa *Clinique médicale*, ne poursuit pas uniquement l'examen des questions soulevées par la doctrine physiologique ; il ne se borne pas à rétablir, par une observation plus précise, les vérités traditionnelles ébranlées, à décrire, avec une rare exactitude, les lésions trouvées à l'ouverture des corps ; il s'adonne aussi, et avec une prédilection marquée, à l'étude des signes des maladies. La science des signes, ou séméiologie, prenait alors un essor nouveau : Laënnec venait de découvrir l'auscultation, et d'agrandir le rôle et les applications de la percussion encore mal connue. Andral sentit l'un des premiers, et ce ne fut pas un faible mérite, l'avenir réservé à l'immortelle découverte de Laënnec. Il s'en empara, en quelque sorte, sans prétendre, bien entendu, rien enlever à la gloire du créateur ; il en fit sa préoccupation assidue, et confirma par des investigations personnelles ce que Laënnec trouvait et enseignait ; il rectifia quelques-unes des indications fournies dans la première édition du *Traité de l'auscultation*, et ces rectifications étaient pareillement faites par Laënnec ; à l'insu l'un de l'autre, ils aboutissaient aux mêmes résultats.

Ce travail parallèle du grand maître en pleine possession de sa renommée et du jeune disciple dans lequel on pressentait un maître futur était singulièrement intéressant ; mais il n'était pas sans éveiller les susceptibilités du médecin ombrageux qui regardait l'auscultation comme sienne, et prétendait ne rencontrer sur ce terrain que dociles disciples et non un rival, même des plus respectueux. Ces sentiments se trahissent dans les lignes que Laënnec consacrait aux efforts d'Andral, dans la belle Introduction de la seconde édition de son ouvrage : « Les observations de M. Andral, écrivait-il, réunissent toutes ces conditions. J'étais absent de Paris quand il a commencé à s'exercer à l'auscultation. Depuis mon retour il a voulu continuer ses observations dans un entier isolement, et en évitant avec soin de se tenir au courant des modifications et additions auxquelles avaient pu m'amener mes nouvelles recherches, et que j'enseignais chaque jour depuis le mois de décembre 1821 à l'hôpital Necker, depuis l'année suivante au collége de France et, depuis le mois d'avril 1823, dans les salles de clinique de l'hôpital de la Charité attenantes à celles où M. Andral faisait ses recherches. Il paraît, en un mot, avoir cherché à se placer dans l'hypothèse de la mort de l'auteur immédiatement après la publication de son ouvrage.....

« Je ne fais aucun reproche, pour ce dont il s'agit, à ce jeune confrère, dans lequel je me plais à reconnaître les dispositions les plus heureuses et une grande ardeur pour le travail. Cette manière de faire m'a paru bizarre ; mais j'en puis plus sûrement prendre acte de tous les résultats confirmatifs qu'il a obtenus.....

« Je n'ai insisté sur la manière de travailler de M. Andral que parce que je le regarde comme une des espérances les plus brillantes de la médecine, et que je reconnais avec plaisir en lui une assez grande mesure de talent et un assez bon esprit pour ne pas douter qu'il ne sache se mettre à l'abri de cet empressement de produire, qui porte aujourd'hui trop de jeunes médecins à rendre le public confident de leurs études. »

Ce dernier conseil ne serait peut-être pas inutile à rappeler, aujourd'hui où l'empressement que Laënnec signale est loin d'avoir faibli, et menace d'accabler la science sous le poids de matériaux à peine dégrossis. Quoi qu'il en soit, ces lignes de Laënnec montrent bien l'importance qu'obtenaient les recherches d'Andral sur l'auscultation. Il faut certainement reporter à ce dernier une large part dans la prompte vulgarisation de tous les signes fournis par ce mode d'exploration. Non-seulement Andral saisit nettement et classa méthodiquement chacun de ces signes, mais il les fit saisir et entendre à tout un peuple de jeunes médecins inexpérimentés, et il leur permit de lire avec clarté les pages obscures de la nouvelle séméiologie. Son autorité devint telle à cet égard qu'il fut chargé d'écrire, en 1829, l'article *Auscultation* dans le *Dictionnaire de médecine et de chirurgie pratiques*. Il résumait dans cet article, sous une forme dogmatique, tout ce qu'il avait émis de remarques fines et justes dans sa *Clinique médicale*.

Veut-on juger à quel point ce mérite de vulgarisateur et d'instituteur enseignant du public médical dans les choses de l'auscultation était réel et vraiment digne d'estime? Il n'y a qu'à lire, dans les journaux du temps, les jugements portés sur l'auscultation, et les railleries qui accueillaient ceux qui s'y adonnaient. Je ne parle pas des invectives de Broussais, qui appelait l'auteur du *Traité de l'auscultation médiate*, Laënnec le sophiste ou Laënnec le devin ; je parle de ces écrivains instruits d'ailleurs, modérés même, que l'auscultation surprenait, fatiguait, et qui lui préféraient les conceptions faciles d'un système dichotomique. Voici, par exemple, ce qu'écrivait dans le *Journal universel des Sciences médicales*, Eusèbe de Salle, critique intelligent et qui se piquait d'impartialité : « L'article *Auscultation* a le double intérêt de la matière et de l'auteur qui l'a traitée ; M. Andral a la réputation d'avoir perfectionné les applications du stéthoscope. La découverte de Laënnec était déjà très-piquante par elle-même ; on peut même s'étonner que son successeur ait trouvé quelque chose à y ajouter ; ces détails étaient si nombreux et si précis, leur certitude si mathématique, que désormais le diagnostic et le pronostic des affections de la poitrine paraissaient plus aisés que celui des maladies de la peau. On a raffolé de nouveautés qui se sont annoncées avec un appareil moins sérieux et moins séduisant ; il était bien permis aux médecins, race méthodique et exempte d'engouement, de s'armer d'un stéthoscope et de s'enivrer pendant des heures entières du monde nouveau de sensations qui venait frapper leurs oreilles. Hélas ! il faut bien le dire, ce monde était un chaos ; les spectateurs, pourvus d'une ample dose de bonne foi ou d'imagination, y voyaient de tout ; d'autres, un peu sceptiques, se frottaient les yeux et ne voyaient rien ; enfin quelques-uns ont distingué des feux follets ; mais si légers, si fugitifs et si pâles, qu'il faudrait la patience d'un Chinois et la vie d'un Mathusalem pour les ramener à quelques types constants. Laënnec avait la patience chinoise, et si sa vie a été courte, son imagination atrabilaire et monomaniaque était capable de creuser en puits artésien l'idée la plus étroite à laquelle elle se fixât. Je suis donc convaincu que Laënnec a entendu et distingué réellement tout ce qu'il nous a décrit ; mais que penser de la tranquille confiance avec laquelle le peuple des collecteurs d'observations écrit aujourd'hui *râle crépitant, pectoriloquie, tintement métallique, égophonie*, comme on écrivait jadis pouls 85, vomissements bilieux, tant de garde-robes. » Ainsi parlait-on de l'auscultation et de Laënnec en 1829. S'il n'y avait eu comme maîtres alors que des médecins physiologistes, l'auscultation aurait périclité, je ne dis pas péri. Andral l'a maintenue dans le courant de l'observation ; il l'a rendue familière ; il a pris le flambeau des mains de Laënnec, qu'une mort précoce enlevait, et il a porté la lumière dans ce monde de faits, qui semblait encore un chaos pour tant de médecins. Quel service plus éclatant!

Dans la pensée d'Andral, l'étude des lésions ne devait pas être séparée de celle des symptômes et des signes par lesquels ces lésions se décèlent. C'était là son inspiration dominante; et il l'exprimait dans le discours d'ouverture du cours d'anatomie pathologique de 1825, dont nous avons déjà parlé : « Dans l'état actuel de la science, disait-il, l'anatomie pathologique peut-elle être étudiée d'une manière isolée? En d'autres termes, doit-on étudier les lésions des organes, sans étudier en même temps les symptômes que ces lésions produisent? Je ne le pense point, et ce n'est pas dans un tel esprit que ce cours a été conçu. De même que l'anatomie de l'homme sain devient plus intéressante et plus utile, lorsqu'après la description de chaque organe on indique ses fonctions, de même l'intérêt de l'anatomie pathologique est accru, son utilité devient beaucoup plus grande, si on fait marcher de front et comme complément mutuel la description des lésions et des symptômes. Convaincu de l'importance de s'habituer, en étudiant l'anatomie pathologique, à remonter de la lésion aux symptômes, afin de pouvoir redescendre sur le vivant des symptômes aux lésions, j'aurai dans ce cours pour but principal la solution du problème suivant : une lésion étant donnée déterminer les symptômes qu'elle produit; et *vice versa*, un groupe de symptômes étant donné, déterminer de quelle lésion ces symptômes sont le résultat. »

Vaste programme qu'Andral avait suivi de point en point dans sa clinique, et qu'il dressait en opposition directe à celui de la médecine physiologique. Ici l'on affichait le dédain pour ces minutieuses recherches de signes, et une superbe indifférence pour les rapports de ces signes avec telle ou telle lésion particulière. Qu'importait, en effet? Connaître la nature du mal, n'est-ce pas l'essentiel qui suffit à tout et dispense de tout? Cette nature ne se rapporte-t-elle pas à l'état inflammatoire, cause de toutes les lésions organiques? A quoi bon aller se perdre dans le détail infini des faits, dès lors que l'on connaît l'unique loi qui les régit, la cause qui les soulève? Ces témérités commodes de la médecine physiologique ont passé, et le programme d'Andral reste l'un de ceux que poursuit avec le plus de persévérance la médecine contemporaine. Pénétrer plus avant dans la connaissance des lésions, discerner et grouper les signes spéciaux qui se rapportent à ces lésions mieux connues et mieux distinguées, multiplier ainsi les groupes pathologiques, primitifs ou secondaires, tel est le travail auquel s'attache laborieusement et non sans succès la génération actuelle, à l'exemple des générations médicales ramenées dans cette féconde voie depuis la chute du physiologisme.

IV

On ne se rendrait pas un compte exact de l'influence exercée par la *Clinique médicale*, et du but que poursuivait Andral, si l'on passait sous silence, ou si l'on négligeait comme indifférentes, les études thérapeutiques que cet ouvrage contient. Pour les apprécier en toute justice, il faut bien savoir où était descendue la thérapeutique sous l'influence despotique de Broussais, influence sous laquelle pliaient même ses adversaires. On se fait difficilement une idée aujourd'hui des abus inouïs auxquels on était arrivé dans la pratique des émissions sanguines, dans la prescription de la diète absolue. Le scandale et l'impéritie avaient atteint des proportions que nous ne soupçonnons pas. Les sectateurs avoués de Broussais ne connaissaient qu'une arme thérapeutique, la saignée et les sangsues. Ils poursuivaient avec ces bêtes sanguivores les plus légères douleurs, toutes les inflammations locales que l'exploration leur découvrait ou que leur imagination leur montrait. Dans les hôpitaux militaires, racontait dans une thèse inaugurale de 1829 le docteur Poullain, qui avait suivi en qualité de sous-aide les chefs du Val-de-Grâce, on calculait et on préparait à l'avance le nombre des sangsues, suivant le nombre des entrants. Combien d'entrants? demandait à la visite du soir un chef de service. Dix, lui répondait-on; c'est bien, cela fait 300 sangsues, 30 pour chacun; et il signait à l'avance les bons tout préparés d'ailleurs. La diète imposée était si rigoureuse, que ceux qui étaient peu malades n'avaient qu'une idée, se procurer des vivres en cachette; ou bien le tenant du cahier de visite inscrivait, par pitié, des aliments non prescrits, de telle façon que, lorsque le chef sévère accordait un ou deux bouillons, le malade, souvent depuis plusieurs jours, se nourrissait largement. Je cite ces faits relatés dans certains journaux et écrits du temps, pour montrer ce qu'était devenu ce noble art de la thérapeutique, ainsi réduit à une pratique aveugle, routinière, et désastreuse.

On prétendait traiter par les émissions sanguines, non-seulement les fièvres et les inflammations parenchymateuses franches, mais les maladies diathésiques elles-mêmes, la goutte et la scrofule, par exemple. Une diathèse, une maladie reconnaissant un vice humoral, un principe général quelconque, qu'était-ce, sinon de la ridicule ontologie, une entité, une création imaginaire de l'esprit, un génie

aussi plaisant que malfaisant, que les esprits crédules, arriérés, voués
à l'obscurantisme, pouvaient seuls admettre? Il fallait substituer à
ces visions les inflammations locales, et poursuivre celles-ci à coups
de lancette, ou en les couvrant de sangsues. Ainsi, dans la goutte,
il n'y a à traiter que l'inflammation articulaire locale : « O vous,
messieurs de l'humorisme, s'écriait Broussais, qui regrettez ce bon
temps où l'on laissait souffrir un goutteux de peur de contrarier la
nature qui voulait absolument faire passer les immondices terreux
du sang au crible des membranes articulaires! ou bien soutenez-
nous que, pour être sage et heureux dans la thérapeutique anti-
goutteuse, il vaut mieux s'occuper à corriger le vice du sang, qu'à
faire avorter le plus tôt possible, comme nous le faisons, les irrita-
tions articulaires, de peur que l'habitude ne s'en établisse. »
(*Examen des doctrines*, 4° volume.)

Chez les scrofuleux, l'immuable doctrine des émissions sanguines
demeure. Andral, rétablissant l'idée de diathèse et de vice humoral
dans la scrofule et la tuberculose, se refusait à admettre, comme
unique traitement de ces affections, la médication antiphlogistique.
Broussais proteste : « Toutes les fois qu'un grand nombre d'organes
sont simultanément affectés, dit M. Andral (c'est Broussais qui
parle), on doit admettre une condition morbide préexistante, rési-
dant dans le sang et dans le système nerveux, et il invoque en
preuve la constitution scrofuleuse qui dénature toutes les secré-
tions, et produit les tubercules pulmonaires qui, dans d'autres cas,
peuvent être une affection purement locale. Voilà encore une sentence contre laquelle nous nous croyons, en conscience, forcé de
nous inscrire... Cette assertion est évidemment dirigée contre celle
des physiologistes, portant que toute maladie est primitivement
locale. Mais si nous l'avons émise, c'est que nous avions des motifs;
c'est parce que nous remarquions que l'on peut toujours prévenir
ces états morbides où plusieurs organes sont affectés simultanément.
On y réussit, en effet, en détruisant, dès son origine, le point
d'irritation par où commence le désordre. » Quelle audacieuse
affirmation! Broussais le sent, aussi redouble-t-il; c'est sa manière
de démontrer : « Eh bien! ajoute-t-il, nous vous déclarons formel-
lement et sans crainte de nous compromettre, que si l'on attaque
les phlegmasies et les sub-inflammations des scrofuleux, dès leur
début, par les mêmes moyens que l'on oppose à celles des autres
sujets, on réussit à s'en rendre maître et à prévenir leur répétition
dans divers organes. » (*Examen des doctr.*, t. IV.)

Pour Broussais, il n'y a pas plus de médications dites spécifiques
qu'il n'y a de maladies spécifiques. L'inflammation pure partout,
et partout la médication antiphlogistique; les fièvres intermittentes,

la syphilis elle-même n'y échappent point. Administrer un tonique, c'était presque commettre un meurtre. Quoi! du vin et du quinquina dans cet estomac phlogosé, pour lequel l'eau de gomme est à peine suffisamment calmante! Irriter cet organe par des purgatifs et des émétiques, qui l'oserait? Mais au moins pourrait-on attendre, abandonner la maladie aux seules forces de la nature, et attendre le retour naturel à la santé? La force médicatrice, répond-il, n'est-elle pas l'entité la plus vaine que l'imagination des médecins ait inventée? Arrière ce rêve du passé et toute cette ontologie gothique! A quoi bon attendre et laisser le mal, léger ou grave, s'établir, s'ériger peut-être en habitude morbide, ruiner plus ou moins l'organe qui en souffre? N'a-t-on pas une méthode sûre de le combattre, de l'éteindre, de le juguler? On mit ce dernier mot à la mode, vers ce temps-là. Quelle raison de différer? Pourquoi respecter la souffrance, et ne pas l'enlever du coup? Qui peut prévoir ce que les sympathies feront d'une inflammation en apparence bénigne? Il faut s'attendre à tout, et les plus formidables symptômes peuvent sortir à l'improviste d'une lésion à peine appréciable.

Tel est, en raccourci, le tableau de la thérapeutique mise en honneur par Broussais. Je ne sais si, à cette époque, un seul praticien sût pleinement échapper à l'influence que ce terrible novateur exerçait. Ceux qui luttaient contre lui sur le terrain des doctrines, lui cédaient parfois étrangement sur le terrain de l'art.

Que l'on étudie la thérapeutique de Lerminier telle qu'Andral la relate dans les observations de la *Clinique médicale*. Elle est certainement l'une des plus indépendantes du temps; il sait souvent se confier aux ressources de la nature par une heureuse expectation, administrer les évacuants, et ne pas reculer devant l'emploi des toniques. Sa pratique est donc comme une protestation soutenue contre les enseignements de la médecine physiologique: et cependant, combien il subit la délétère influence de ces enseignements! Combien il prodigue les émissions sanguines, souvent sans nécessité, parfois contre toute indication! Quelle triste histoire, par exemple, que celle de l'observation 1re du chapitre consacré aux péricardites aigues; elle se résume en ces quelques mots: malade jeune, affecté d'un rhumatisme articulaire aigu; saigné cinq fois; application réitérées de sangsues sur les articulations enflammées; après trois jours les articulations deviennent libres; à huit heures du soir, le malade est bien; à dix heures du soir, invasion subite d'une atroce péricardite qui enlève le malade en vingt-quatre heures. A la suite de cette observation néfaste, où l'énergique médication employée a probablement exercé une action si nuisible, Andral ajoute la note suivante: « Nous trouverons dans cet ouvrage de bien fréquents exemples de phlegmasies qui, attaquées dès leur début ou pendant leur cours par d'abondantes saignées, n'en continuent pas moins leur marche, soit qu'elles doivent se terminer par la santé ou par la mort. Il y a, je crois, très-peu de cas dans lesquels une maladie puisse être enlevée tout à coup par une émission sanguine. »

Ces réflexions sont trop froidement exprimées peut-être, mais elles sont déjà libres et sincères. Sous la forme modérée dont l'auteur ne se départ jamais, elles contiennent la condamnation des abus thérapeutiques qui régnaient autour de lui. C'est le premier acte d'une campagne qu'il va conduire avec prudence, avec trop de réserve et de condescendance à notre gré, avec une foi timide et vacillante en apparence, mais avec un discernement trop rare à cette époque, et au bout de laquelle il aura singulièrement affaibli les influences funestes de la médecine physiologique. Les matériaux avec lesquels Andral organise cette sorte d'examen de conscience thérapeutique, lui sont fournis par Lerminier qui, chef de service, prescrivait le traitement; il n'est donc pas responsable des faits qu'il relate ; mais les longs commentaires que lui inspirent ces faits, lui appartiennent; et ce sont ces commentaires qui parlent et enseignent.

C'est à l'occasion de la pneumonie et des fièvres continues qu'Andral soulève les plus importantes questions thérapeutiques ; c'est à l'occasion de ces maladies que se commettaient la plupart des excès dont il était le témoin. La pneumonie semblait vouée sans réserve au traitement par les émissions sanguines abondantes et répétées. Andral n'échappe pas entièrement aux croyances que partageaient tous les praticiens de son temps. Il accorde certainement aux émissions sanguines une trop large part dans le traitement de la pneumonie. Ni la vieillesse, ni la débilité générale, ni l'époque avancée de la maladie ne lui paraissent, sauf dans les cas extrêmes, une contre-indication suffisante. Toutefois il sait voir, dans nombre de cas, combien les émissions sanguines ont été inutiles, alors même que la maladie tourne à une issue favorable ; il n'attribue pas aux émissions sanguines le pouvoir d'éteindre la maladie sur l'heure, et avant qu'elle ait accompli son évolution régulière. Qu'on lise attentivement les réflexions dont il fait suivre l'observation 1re du chapitre consacré à la pleuro-pneumonie : « Un amendement notable, dit-il, eût lieu dès le troisième jour, à la suite des abondantes émissions sanguines qui furent alors pratiquées ; mais comme si malgré l'influence de nos moyens thérapeutiques, les maladies étaient assujéties dans leur cours à de certaines lois de durée qu'il n'est pas en notre pouvoir de changer, la nature reprit en quelque sorte ses droits, et, jusqu'au septième jour, la pneumonie ne cessa de s'annoncer par des symptômes de plus en plus graves. Les nouvelles émissions sanguines qui furent pratiquées n'eurent aucun résultat avantageux. Le sixième jour, surtout, le pronostic semblait être des plus fâcheux : la gêne extrême de la respiration, l'état d'anxiété du malade, son profond découragement étaient du plus triste augure. Le septième jour, tout change de face : une sueur abondante s'établit ; dès lors les symptômes graves disparaissent, et la pneumonie marche franchement et promptement vers la résolution. Pourra-t-on ne pas ranger au nombre des phénomènes critiques ce mouvement fluxionnaire dont la peau devient le siége ?

« Cette observation tend d'ailleurs à confirmer deux points de l'ancienne doctrine des crises : 1° l'exaspération des symptômes avant l'apparition de la crise; 2° l'époque de la maladie à laquelle cette crise apparut, le septième jour. Elle montre enfin qu'une médication active ne s'oppose pas toujours à ce que les crises aient lieu. »

Ce langage de naturiste formait une étrange dissonance avec toutes les affirmations que prodiguait la médecine physiologique. Quoi ! malgré de nombreuses émissions sanguines, cette pneumonie marche au plus mal jusqu'au septième jour ; le malade semble perdu ; et sous l'influence de sueurs copieuses et critiques, le mal cède tout à coup, et comme par enchantement ! Et Andral, spectateur intelligent de ce fait, après avoir constaté cet effort puissant et salutaire de la nature, se borne à reconnaître « qu'une médication active ne s'oppose pas toujours à ce que les crises aient lieu » ; autrement dit, la médication n'a pas empêché le malade de guérir ; c'est tout le bien qu'il en peut dire.

Andral signale et accepte l'influence des crises. Il avait reçu pour sujet de thèse, au concours de l'agrégation, cette même question des crises; et, déjà, appuyé sur les faits relatés dans sa clinique, il la résolvait par l'affirmative. Dans plusieurs observations de pneumonie il signale les phénomènes critiques par lesquels la maladie s'est jugée ; il en trouve des exemples même dans les fièvres continues, où la solution par crises sensibles est infiniment plus rare. Il ne laisse donc pas dans l'abandon, comme tant de ses contemporains, cette grande doctrine des crises à laquelle la médecine ancienne avait été si attachée, et à laquelle la médecine moderne, surtout la médecine allemande, devait si largement revenir sous le nom de défervescence critique.

Andral entrait ainsi dans le camp des naturistes; il reconnaissait cette force médicatrice naturelle qui est le fondement de l'art. Nous le verrons bientôt proclamer tout ce qu'il faut accorder à cette nature que l'on violentait de partout autour de lui. Il repousse, par cela même, la prétention de couper court à l'évolution naturelle des maladies, de la pneumonie en particulier, par les émissions répétées de sang. On l'a déjà vu, dans le commentaire de l'observation Ire, invoquer, dans le cours des maladies, « certaines lois de durée qu'il n'est pas en notre pouvoir de changer; » il confirme ce fait à plusieurs reprises; il fait suivre l'observation IIe de la réflexion suivante : « Il n'est pas douteux que les phlegmasies des membranes séreuses et muqueuses ne cessent souvent tout à coup sous l'influence des émissions sanguines. Je ne crois pas que la saignée puisse ainsi faire cesser brusquement les inflammations parenchymateuses, et en particulier celle du poumon. » La première assertion demanderait des réserves, mais la seconde est pleinement vraie, et il y avait bien du mérite à l'émettre à un moment où il était généralement dit et reçu que l'on pouvait *juguler* une pneumonie.

La thérapeutique des fièvres appelle à son tour l'attention d'Andral; elle lui paraît incertaine, mal fixée, variable suivant les cas, dangereuse telle qu'elle est communément pratiquée. Il sent toute la difficulté de faire la lumière sur un sujet si complexe et obscur. Aussi renonce-t-il à tracer les règles générales d'une thérapeutique des fièvres, et déclare le nombre de ses observations insuffisant pour établir d'une manière constante et précise les effets des médications mises en usage. Il se bornera à chercher ce qui ressort des observations particulières, consignées dans son ouvrage.

Que doit-on rapporter à la nature, et rapporter à la médication? Question toujours délicate, et à laquelle nos illusions ont trop souvent répondu. « Ce qui semble surtout ressortir, dit Andral, c'est que quelles que soient les méthodes employées, il est un certain nombre de cas, où, sans que ces méthodes y prennent part, la nature conduit la maladie à une terminaison heureuse ou funeste. De là toutefois il ne faudrait pas déduire la conséquence que nos moyens thérapeutiques sont sans influence sur la marche et sur le mode de terminaison des fièvres. Mais, si la nature joue un si grand rôle, qui ne sent que pour apprécier le rôle que peut jouer la médication, soit qu'elle nuise, soit qu'elle soit utile, il est nécessaire qu'on rassemble et qu'on soumette à une sévère discussion des faits beaucoup plus nombreux que les nôtres; afin que, les mêmes résultats se reproduisant un plus grand nombre de fois, on puisse défalquer en chiffres, ce qui, dans ces résultats, appartient à la nature, et ce qui appartient à l'art. » Nous craignons qu'Andral n'attache ici une trop grande importance à la méthode numérique. Chaque malade est un cas particulier, et rien ne dit que le traitement qui convient au plus grand nombre, lui conviendra. Andral le reconnaît : il ne saurait y avoir une méthode thérapeutique applicable à toutes les fièvres; le traitement doit varier selon les cas; ce qu'il importe, c'est donc de déterminer les indications de telle ou telle méthode de traitement, et de rechercher ces indications en face de chaque malade. Ce n'est pas là un problème de statistique. La méthode numérique a toujours conduit au scepticisme en thérapeutique, et peut-être Andral n'échappe-t-il pas complétement à ce mal de l'école numérique ; mal, en tout cas, préférable aux affirmations téméraires, à une croyance aveugle, à une pratique impitoyable.

Mais le sens médical d'Andral le conduit à des enseignements supérieurs à ceux que fournit la statistique. S'inspirant de sa grande honnêteté scientifique, il demande que les observateurs publient leurs revers comme leurs succès ; sans cela on n'a que des notions et comparaisons fictives. « Ouvrez par exemple, dit-il, les recueils d'observations publiés par les disciples de Brown ; vous n'y trouverez pas un exemple de fièvres graves traitées avec succès par les émissions sanguines ; et cependant ces cas existent, et, comme nous, ils ont dû les voir. Ouvrez, d'autre part, les recueils publiés par les élèves de l'Ecole de M. Broussais ; vous n'y lirez pas un seul cas de ces mêmes maladies qui, traitées par les toniques, ont guéri ; et cependant autour d'eux, de semblables cas ont été observés, et eux aussi ont dû les voir. » Cette double accusation frappait les deux systématiques qui, en apparence opposés l'un à l'autre, étaient cependant tellement semblables ; elle répondait au sentiment public, car de partout l'on accusait l'Ecole du Val-de-Grâce de dissimuler ses revers. Andral donnait un tout autre exemple, et il ne craignait pas de signaler, dans les cas dont il retraçait l'histoire, ce qui avait été nuisible ou funeste, aussi bien que ce qui avait été utile, et que ce qui était resté sans action appréciable sur la marche de la maladie. Sans passer en revue, malgré leur intérêt, toutes les questions touchées dans la thérapeutique des fièvres, nous nous bornerons à rappeler deux points plus particulièrement importants, l'expectation, et le traitement des accidents dits nerveux dans les fièvres.

Ce fut un grand mérite d'Andral de montrer que l'expectation, dans les fièvres continues s'applique à un très-grand nombre de cas ; que la maladie, dans ces cas, se termine aussi promptement et heureusement que si elle eût été combattue par les émissions sanguines. Qu'on lise ces réflexions à propos de la cure des fièvres : « Cette observation (LVe observ.) présente un exemple frappant de l'influence toute-puissante du repos et des soins hygiéniques, bien dirigés, dans la guérison du genre de maladies qui nous occupe. Qu'aurait-on obtenu de plus en tirant du sang ? Il est bon de méditer sur ces cas dans lesquels le médecin, abandonnant une maladie aux seules forces médicatrices de la nature, ne fait autre chose que d'éviter tout ce qui pourrait nuire. » Andral montre, en d'autres cas, que la maladie ayant été soumise à un traitement actif et ne cessant de s'aggraver sous cette action, cédait au contraire à la médecine expectante : « On cessa de tourmenter la nature par des remèdes que ne suivait aucune amélioration ; on se contenta d'écarter tout ce qui pouvait nuire, et la guérison fut le fruit du seul effort de la nature, aidée par de simples soins d'hygiène. » En d'autres cas, la méthode expectante n'empêcha pas la maladie de s'aggraver ; mais la thérapeutique agissante qui lui fut substituée n'arriva pas à modifier la marche funeste de la maladie. Restent, enfin, les cas dans lesquels une médecine active fut manifestement utile, et eût le droit de réclamer une large part dans l'issue heureuse de la maladie. Je regrette de ne pouvoir suivre pas à pas l'examen de toutes ces questions vitales ; mais j'en ai dit assez pour montrer l'étendue et la liberté d'esprit avec lesquelles Andral les traite plutôt il est vrai, qu'il ne les résout. Il subsiste toujours un fond d'hésitation chez ce médecin si éclairé et si consciencieux ; et cette hésitation, il la faut surtout attribuer, à mon sens, aux clameurs d'affirmations téméraires qui l'environnaient, et qui lui avaient inspiré un juste éloignement pour le ton dogmatique et tranchant qui le blessait chaque jour.

Andral ne montre pas seulement que la saignée n'est pas toujours nécessaire dans la cure des fièvres, et que l'expectation suffit souvent ; il va montrer l'action vraiment funeste des émissions sanguines dans une catégorie de faits, où on les prodiguait en proportion de la gravité du mal, et de ce qu'elles étaient nuisibles : il s'agit des accidents nerveux des fièvres, de cet état auquel on a donné le nom d'ataxique. Ces accidents où le délire, l'agitation, la stupeur, le coma prédominent, étaient attribués par l'école physiologique à la congestion secondaire des méninges et du cerveau, et les sangsues et les saignées étaient les moyens que l'école leur opposait sans relâche, malgré les insuccès de chaque jour. Andral se livre à l'examen de ces faits, et nous demandons à citer la page où il résume les enseignements qu'il déduit de ses observations :

« Ainsi, dit-il, sur vingt-sept individus qui sont saignés pendant qu'ils présentent ces divers troubles de l'innervation, dont chaque observation particulière retrace les particularités, il y en a seulement cinq chez lesquels les désordres nerveux diminuent ; chez sept ces désordres ne paraissent être en aucune façon influencés par la saignée, et chez quinze ils s'aggravent immédiatement après que les individus ont subi une ou plusieurs pertes de sang.

« Si nous voulions sortir du cercle des faits particuliers que contient ce volume, nous dirions que dans beaucoup d'autres cas semblables où nous avons essayé aussi d'opposer les émissions sanguines aux symptômes nerveux des fièvres graves, nous sommes arrivés aux mêmes résultats, et toujours nous avons vu ces symptômes céder quelquefois aux saignées, mais le plus souvent leur résister, et tantôt d'ailleurs ne pas simplement s'amender, tantôt aussi s'exaspérer d'une manière notable à la suite de chaque émission sanguine. De pareils faits se sont présentés si fréquemment à notre observation, qu'ils nous est resté la conviction profonde, que non-seulement les saignées répétées ne font pas toujours cesser les symptômes nerveux des fièvres graves, mais que plus d'une fois elles exercent une influence directe sur l'exaspération de ces symptômes. Et notez bien que cette exaspération n'a pas lieu seulement dans les cas où les individus sont prostrés et plongés dans la stupeur, où chez eux, en un mot, prédomine ce qu'on a appelé l'état adynamique ; cette exaspération à la suite des émissions sanguines se montre également chez plusieurs sujets dont les forces sont loin de paraître épuisées, qui présentent du délire, diverses aberrations de la sensibilité, ou de la motilité, et chez lesquels, en un mot, prédomine surtout ce qu'on a appelé l'état ataxique.

« Il nous a paru aussi que, dans presque tous les cas, lorsqu'on n'obtient aucune amélioration, ou que les symptômes nerveux augmentent à la suite des deux premières émissions sanguines, il y a danger à les répéter encore.

« Mais ce n'est pas tout : les observations consignées dans ce volume nous ont montré un certain nombre de cas dans lesquels les symptômes nerveux se sont développés immédiatement après que les malades avaient été saignés. De ces derniers faits tirerons-nous simplement la conséquence que les saignées, pratiquées à une époque où l'innervation n'offre encore aucun désordre, n'empêchent pas cette fonction de se troubler plus tard ? Ces faits ne nous porteront-ils pas à rechercher si, dans certains cas, la perte de sang que subit un individu n'est pas la cause directe, immédiate, des désordres d'innervation qu'il vient à présenter ? Ce que nous avons vu à cet égard ne nous permet guère de douter qu'il en soit quelquefois ainsi. Mais pour résoudre définitivement de pareilles questions, combien de faits n'est-il pas encore nécessaire d'accumuler ! »

Que dirons-nous de ce dernier désir d'accumuler en nombre des faits semblables à ceux dont il s'agit, et qu'Andral avait retracés en toute sincérité ? Ces faits ne mettent-ils pas en jeu la vie des hommes ? et si Andral possédait la *conviction profonde* que les émissions sanguines exaspèrent le plus souvent et même font naître les accidents nerveux, lesquels sont les plus redoutables des fièvres graves, lui était-il permis, pour mieux se convaincre, de renouveler un grand nombre de fois de pareilles tentatives ? Certainement il ne l'a pas fait, lui dont la conscience était si haute et si droite! Il lui a suffi, sans doute, de ce qu'il avait déjà vu, de ce qu'il voyait autour de lui, de ce que lui montraient les adeptes de la médecine physiologique qui persévéraient avec un tranquille courage dans la thérapeutique que leur imposait leur système, et qui sentaient augmenter leur ardeur, à mesure que les accidents qu'ils combattaient s'aggravaient sous la lancette ou la morsure des sangsues. Ah! la fureur d'agir, le besoin inquiet d'intervenir énergiquement et sans relâche dans l'évolution des maladies! Quel dangereux médecin que celui qui en est possédé! Le sage Morgagni disait : *Sunt plures medici qui ægros ob id interimunt, quia nesciunt ipsi quiescere.* Andral aimait à citer ces paroles, et il aspirait à les faire comprendre à tous. Si, en général, les médecins éclairés savent, de nos jours, suivre la marche d'une maladie, sans la tourmenter lorsqu'elle est régulière, s'ils savent que les émissions sanguines aggravent ou suscitent les accidents nerveux des fièvres graves, s'ils connaissent mieux la nature de ces accidents et les indications qu'ils fournissent, ils ne doivent pas oublier les maîtres clairvoyants et courageux qui ont lutté pour arriver à l'intelligence de ces faits, et pour la faire prévaloir sur des erreurs profondément enracinées. Sans doute Andral n'est pas le seul médecin de son temps qui ait dénoncé la thérapeutique désastreuse voulue par la médecine physiologique; bien d'autres s'y sont employés avec lui; mais il est l'un de ceux qui ont le mieux réussi à cette œuvre, parce qu'il poursuivait la lutte non sur un point spécial, sur telle ou telle question thérapeutique, mais sur l'ensemble des dogmes du physiologisme, sur chacune de ses assertions théoriques et pratiques. Ce qui donnait, en outre, une autorité et une efficacité particulières à sa parole, c'est qu'il était reconnu de tous comme l'homme des aspirations scientifiques nouvelles, à tel point que Broussais écrivait que « Depuis la mort de Laënnec, M. Andral a été proclamé le principal chef de l'école anatomo-pathologique de Paris. » Or, cette école, chacun et même ses ennemis le sentaient, représentait, entre toutes, le progrès vrai et durable, alors que le physiologisme, au milieu même de sa gloire éphémère, languissait déjà et fatiguait l'opinion.

Aujourd'hui, la thérapeutique de Broussais s'est dissipée comme un mauvais rêve; nos jeunes médecins savent à peine quelle elle fut. Peut-être même, par cette réaction qui suit tous les entraînements des hommes, et qui se fait trop sentir en médecine, cette thérapeutique est-elle trop abandonnée. Elle subit une proscription à peu près absolue. Cette proscription est-elle toujours légitime? Je suis disposé à croire que, par suite de certaines conditions qu'il serait trop long d'exposer ici, les indications des émissions sanguines sont devenues plus rares qu'autrefois; mais ont-elles entièrement disparu? N'oublie-t-on pas que l'inflammation est un élément morbide principal dans certaines maladies aiguës? Et quoi que combattre l'inflammation ne soit que très-rarement combattre la maladie elle-même, néanmoins affaiblir cet élément de la maladie, n'est-ce pas souvent atteindre le mal lui-même, le réduire, et favoriser une solution heureuse? La médication antiphlogistique répond donc à des indications réelles, et c'est s'appauvrir que la délaisser, et ne pas s'en servir à l'occasion. Mais combien cet abandon est-il moins dangereux en pratique que la ferveur et les excès opposés! Attendre et rester inactif, alors qu'il faudrait agir, est toujours moins fâcheux que d'agir violemment à faux. Bien rarement une maladie tournera à mal par l'omission des émissions sanguines, et l'inverse n'est un fait que trop avéré. Regrettons, sans doute, que toutes les indications ne soient pas toujours saisies par les praticiens à qui est remis le salut des malades; soyons satisfaits, cependant, de voir que la thérapeutique des praticiens instruits est devenue plus sobre, moins perturbatrice, plus prudente qu'autrefois. Les excès de prudence ne sont pas à redouter à l'égal des excès d'activité. Quand donc arrivera le jour où l'on saura apprécier dans le monde profane, ainsi s'appelle chez nous le public non-médical, le médecin qui n'écrira pas une formule à chacune de ses visites, qui saura régler sagement l'hygiène que doit suivre le malade qui le consulte, et qui, à toutes les sollicitations qui l'importunent, saura répondre, quand il le faut, et avec fermeté, attendons! Ce même médecin est souvent celui qui saura agir avec le plus d'énergie, si les indications le veulent.

V

La *Clinique médicale* était à peine terminée, les médecins avaient à peine eu le temps de la lire et d'en méditer les enseignements, qu'Andral livrait à la publicité un *Précis d'anatomie pathologique*, en deux volumes. Ces années de lutte et de vie médicale étaient singulièrement fécondes. Ce nouvel ouvrage était impatiemment attendu, tant avait grandi la renommée de l'auteur. Il continuait l'œuvre de la *Clinique médicale*, et tendait plus ouvertement encore à montrer l'étroitesse et l'insuffisance de la médecine enfantée au Val-de-Grâce; il s'attachait à prouver par l'anatomie pathologique, cette puissante démonstratrice, que toute la médecine n'était pas contenue dans le mot inflammation, et qu'en dehors de ce mot, existent bien des lésions organiques, bien des altérations de tissus et d'humeurs, qui ne relèvent pas de lui. Dans sa révolte contre l'oppression de Broussais, Andral allait jusqu'à demander la suppression de ce mot tyrannique; et, dans un ouvrage d'anatomie pathologique, il ne donnait aucune description de l'inflammation. Dès l'avant-propos du livre, il écrivait : « Je n'ai pas décrit l'inflammation, parceque l'inflammation étant un état morbide complexe, il m'a semblé préférable de décrire isolément chacune des lésions dont la réunion constitue l'inflammation des auteurs. Je n'ai pas même employé cette expression vieillie; elle ne me paraît propre qu'à rendre le langage de la science vague et confus. »

Il développe, dans le premier chapitre, cette pensée-mère de l'ouvrage, et il donne à sa parole une énergie inaccoutumée, afin que tout accroisse la portée du coup qu'il prétend porter à la médecine physiologique : « Reçue dans la langue, dit-il, sans qu'aucune idée précise lui ait jamais été attachée sous le triple rapport des symptômes qui l'annoncent, des lésions qui la caractérisent, et de sa nature intime, l'expression d'inflammation est devenue une expression tellement vague, son interprétation est tellement arbitraire, qu'elle a réellement perdu toute valeur; elle est comme une vieille monnaie sans empreinte, qui doit être mise hors de cours, car elle ne causerait qu'erreur et confusion. L'inflammation ne peut plus être considérée que comme l'expression d'un phénomène complexe qui comprend plusieurs autres phénomènes, dont la dépendance n'est ni nécessaire, ni constante. »

Donc, analysant et divisant le concours de phénomènes morbides connu sous le nom d'inflammation, Andral y trouve des lésions de circulation, parmi lesquelles l'hyperémie joue le rôle capital; des lésions de nutrition, parmi lesquelles se rangent l'hypertrophie et l'atrophie, l'ulcération, l'induration et le ramollissement; et enfin des lésions de sécrétion. Au milieu de toutes ces lésions, l'inflammation dissociée semble disparaître. Mais, hâtons-nous de le dire, ce n'est guère là qu'une apparence; au fond, l'inflammation subsiste, et il n'est pas au pouvoir de l'analyse d'annihiler un concours, une convergence de phénomènes si puissamment reliés entre eux par la nature vivante. Quel est le fait organique qui résisterait à l'analyse, à la décomposition indéfinie, s'il était permis de séparer, les uns des autres, des éléments unis dans l'ordre naturel des choses, et de considérer comme existant à part ces éléments arbitrairement dissociés et constitués? Andral crée le mot hyperémie, mot excellent et qui a pris rang dans la science; mais aussitôt il distingue plusieurs hyperémies; et même il en reconnaît une qui n'est qu'un phénomène cadavérique, ce qui, à bien dire, n'est pas une lésion, car celle-ci suppose au préalable la vie comme cause efficiente, et l'organisme vivant comme support. Parmi ces diverses hypérémies, il en est une qu'il appelle active ; or, celle-ci ne représente en réalité que l'inflammation ; il n'y a donc là qu'une substitution de mots, et l'inflammation demeure sous un autre nom.

Les critiques avisés ne s'y sont pas trompés, surtout dans le camp de la médecine physiologique. « M. Andral, disait Boisseau, supprime le mot inflammation *comme une vieille monnaie sans empreinte qui doit être mise hors de cours;* mais, usant du privilége de la souveraineté cathédrale, il en frappe une autre à l'effigie de ses opinions. Partout où dans son livre vous trouverez hypérémie par irritation, hypérémie active, hypérémie sthénique, lisez inflammation, si vous tenez quelque peu à la langue qu'on parle en médecine depuis Hippocrate, et si vous voulez bien juger de la nouveauté de ce que l'auteur avance... C'est qu'en effet le livre de M. Andral est destiné à isoler l'inflammation de tous ces produits ; à séparer l'afflux du sang de toutes ses conséquences ; à faire oublier le rôle que joue l'irritation ; à présenter enfin chaque altération organique comme due à une lésion *sui generis*, spécifique, du sang et de l'innervation. Les organes disparaissent dans cette théorie ; tout se réduit en liquide sanguin et fluide vital ; c'est comme une liquéfaction, une vaporisation de la pathologie organique. » (*Journ. Universel*, 1829.) Sur tous ces points, le défenseur du physiologisme a évidemment raison, et pour combattre Andral par lui-même, il oppose l'auteur de la *Clinique médicale* à l'auteur du *Précis d'anatomie pathologique*. « Ce mot d'inflammation, dit-il, se trouve à chaque page de la *Clinique* de M. Andral, et les opinions de cet auteur n'en sont ni plus obscures, ni plus vagues dans cet ouvrage que dans son *Précis*. »

Si l'effort d'Andral pour déraciner le physiologisme se brise ici contre la nature des choses, s'il échoue contre l'idée synthétique et invincible d'inflammation, il est plus heureux dans le détail des faits, et de ce côté il réussit à démolir pièce à pièce cette médecine artificielle, toute construite d'hypothèses. Voyez ce qu'il dit de certaines hypérémies actives, et de l'impossibilité de les réduire en versant le sang, alors même qu'elles semblent être dans les conditions les plus favorables pour céder à cette médication : « Lors même qu'il n'y a que simple hypérémie sans autre altération de texture, ce serait une grande erreur de penser qu'elle peut être constamment enlevée par les émissions sanguines, quelque abondantes qu'on les suppose, et à quelque époque de la maladie qu'on les pratique. En tirant du sang, on dégorge mécaniquement la partie congestionnée, on diminue avec avantage la masse du sang, et l'on soustrait ainsi de l'économie une cause d'excitation ; mais par les saignées, soit générales, soit locales, on ne détruit en aucune façon cette cause inconnue, sous l'influence de laquelle un organe s'est hypérémié. Si toutefois cette cause est active, peu énergique, les saignées pourront diminuer ou paralyser son influence; elles soutireront le sang de la partie irritée à mesure qu'il tend à s'y accumuler, et si je puis m'exprimer ainsi, elles empêcheront l'hypérémie de prendre domicile. Si la cause efficiente de toute congestion, que Van Helmont comparait à une épine, possède une plus grande intensité d'action, ce ne sera point en enlevant plus ou moins de sang qu'on pourra espérer de la détruire. Vainement alors multiplierait-on les émissions sanguines, il ne resterait qu'une goutte de sang dans l'économie, qu'en dépit des saignées cette goutte fluerait là où l'appelle la cause stimulante; c'est donc celle-ci, bien plus que la congestion, qui n'est qu'un simple effet, qu'il s'agirait surtout de connaître et de combattre. Croire que dans toute congestion il n'y a autre chose à faire qu'à tirer du sang, c'est ne voir qu'un des éléments d'un phénomène très-compliqué. » Quelle belle et forte page de pathologie vitaliste, et combien les théories de la localisation absolue, du physiologisme et du mécanicisme d'alors, devaient paraître étroites et vides à ceux, hélas! trop rares qui savaient recevoir et comprendre de tels enseignements! Oui, l'inflammation, comme la fièvre, comme la douleur, est l'un des grands et peu nombreux caractères dont se sert la nature vivante pour écrire ses diverses souffrances; mais de même que les caractères ne font pas le sens des mots que l'on écrit avec eux, et que seule la pensée qui préside à l'association des caractères et à la formation des mots, donne à ceux-ci leur signification véritable, de même l'inflammation, la fièvre, la douleur, considérées en elles-mêmes, ne livrent pas la signification réelle de la maladie. C'est l'affection qui soulève ces grands modes morbides, qui leur imprime le sens pathologique spécial que le médecin doit connaître. Comprendre ce sens est notre grande affaire, c'est le vrai diagnostic du mal; le reste ne livre que sa forme extérieure. C'est la pensée qui ressort de la citation qui précède, et qu'Andral exprimait ailleurs en ces quelques mots : « L'irritation diffère par ses degrés beaucoup moins que par ses modes. » Broussais ne reconnaissait que les degrés; le médecin doit surtout reconnaître les modes, et ceux-ci c'est l'affection qui les livre.

Les démonstrations d'Andral contre les théories physiologiques régnantes ne sont ni moins pressantes, ni moins heureuses, dans chacun des articles consacrés aux lésions de nutrition, lesquelles se partagent presque toute l'anatomie pathologique. Les principales de ces lésions sont, nous l'avons dit, l'hypertrophie, l'atrophie, l'ulcération, l'induration, le ramollissement. Nous irions trop loin, si nous voulions exposer comment Andral, à propos de chacune de ces lésions, montre que l'unique cause n'en est pas dans l'irritation et dans le travail inflammatoire, comme l'admettait la foule des médecins de son temps. La cause irritante existe dans certains cas, sans doute, et Andral était trop l'ennemi des conceptions exclusives pour le méconnaître ; mais il cherchait à voir tous les faits, et non pas seulement certains d'entre eux, et en outre il ne voulait pas les plier violemment à une idée systématique et préconçue ; par cela seul, il était amené à chercher souvent à ces divers états morbides une autre cause efficiente que l'irritation. Dans cette recherche des causes, il émet les vues les plus fines, les plus ingénieuses, et souvent les plus justes ; il amène les médecins qui l'écoutent à réfléchir sur la complexité et la diversité des actes organiques qui provoquent des lésions en apparence identiques, et, en soulevant devant eux une foule d'aperçus nouveaux, il leur prouve que la science médicale n'est pas toute faite, ni achevée, et que le physiologisme n'en est pas le dernier mot. Pour donner une idée du genre de démonstration qu'il emploie, nous rappellerons quelques-unes de ses remarques au sujet de l'hypertrophie et du ramollissement des tissus, lésions que l'on regardait comme un évident témoignage de l'action inflammatoire.

L'hypertrophie, c'est-à-dire l'augmentation anormale du volume et de la nutrition d'une partie vivante, dépend-elle toujours d'une congestion inflammatoire, d'une hypérémie active de la partie ? Cette seule cause explique-t-elle la production de ce phénomène ? Voici la réponse d'Andral : « Si de la simple observation du phénomène de l'hypertrophie nous passons à l'étude de ses causes, que saisissons-nous ? Penserons-nous que nous aurons expliqué la formation de cet état par un afflux de sang plus considérable que de coutume, vers la partie qui doit s'hypertrophier ? Cette congestion sanguine peut sans doute être conçue comme jouant un rôle dans la production de l'hypertrophie. Mais, théoriquement parlant, elle ne me paraît en être la condition ni unique, ni même nécessaire. Elle n'en est pas la condition unique, car vainement y aurait-il appel insolite de sang vers un organe, il ne ferait qu'engorger celui-ci, sans se changer en son tissu, s'il n'y avait dans l'organe lui-même augmentation de la force assimilatrice ordinaire : alors, si je puis ainsi dire, cette force travaille plus activement les matériaux que le sang lui apporte, et, pour qu'il les entraîne dans son tourbillon nutritif en quantité surabondante, qu'est-il besoin de supposer que plus de sang lui arrive dans un temps donné ? Mais cet excès de force assimilatrice est-il lui-même nécessaire à la production de toute hypertrophie, et ne peut-on pas concevoir des cas où cette force restant la même, il y a diminution de cette autre force dite désassimilatrice, en vertu de laquelle les molécules des solides s'en séparent sans cesse pour rentrer dans la masse du sang d'où elles avaient été tirées? Est-ce parce qu'il en est quelquefois ainsi que, dans plus d'un cas, des hypertrophies vainement combattues par les émollients, par les émissions sanguines, ont disparu sous l'influence de substances stimulantes (iode, mercure, etc.)? » Aujourd'hui encore ces idées sont bonnes à méditer, et l'on peut opposer *l'augmentation de la force assimilatrice ordinaire*, invoquée par Andral, à l'irritation formative ou nutritive, invoquée par l'école allemande, par Wirchow en particulier. Ce dernier s'attache à ranimer quelques-unes des idées de Broussais, et il croit les faire allemandes et siennes en les poussant à une exagération que Broussais ne connaissait pas, ou qu'il osait à peine avouer. Pour Wirchow, un enfant ne grandit qu'en vertu d'une irritation qu'il appelle formative; chacune de ses cellules est surexcitée, irritée, sans quoi elles ne se multiplieraient pas de façon à assurer la croissance de l'être. Mais l'irritation est un fait pathologique: l'enfant qui grandit est donc un malade, et plus son développement est énergique, plus son squelette s'élance, plus ses chairs sont fermes et luxuriantes, et plus son état pathologique est formel et intense! Quel abus de mots, quelle courte physiologie, quel amalgame confus de la santé et de la maladie!

Revenons à l'hypertrophie et aux appréciations d'Andral. Il ne se borne pas à montrer que cet état ne relève pas toujours d'un travail inflammatoire et local; il sait faire voir que l'hypertrophie relève souvent d'une affection générale, et que là en est la raison médicale: « Parmi ces hypertrophies, dit-il, dont il n'est pas démontré que la cause soit une stimulation antécédente ou actuelle de l'organe qui en est le siége, les unes ne consistent qu'en une affection purement locale, les autres semblent intimement liées au mouvement nutritif général; elles ne sont, si l'on peut ainsi dire, qu'une des expressions saillantes qui révèlent les modifications profondes qu'a subies dans toute molécule du corps ce mouvement nutritif. Dans ce cas sont les scrofuleux. Parmi les divers groupes de phénomènes morbides que présentent ces individus, qui n'a pas remarqué l'hypertrophie simultanée que subissent chez eux le corps thyroïde, le cerveau, plusieurs parties du système osseux, le foie, la langue, la lèvre supérieure? Il nous paraîtrait bien peu physiologiste celui qui, dans chacune de ces modifications de la nutrition, ne verrait qu'une affection locale et ne rechercherait à combattre qu'elle. » On ne pouvait porter contre l'école physiologique une accusation plus directe, et la touchant plus au cœur, que de lui démontrer qu'elle était infidèle à la physiologie elle-même, et que celle-ci débordait toutes ses conceptions. Mais quelles longues résistances devait rencontrer le retour à la doctrine des affections générales !

Les idées émises par Andral relativement au ramollissement des tissus ne sont ni moins flexibles, ni moins larges. Ici, comme partout, l'auteur veut tout voir, recueillir toutes les réalités, sachant combien la nature vivante est variée et souple dans ses œuvres. Sans doute, il le proclame, l'irritation inflammatoire est une cause fréquente du ramollissement des tissus ; mais est-elle la seule, comme le veut l'école de Broussais ? Il se livre sur ce point à une discussion qui le porte bien au-delà du physiologisme, et que lui-même résume ainsi : « De cette discussion que faut-il conclure ? C'est que, dans l'état actuel de la science, loin d'affirmer que tout ramollissement est le résultat nécessaire d'un travail d'irritation, on peut établir que beaucoup d'organes perdent leur consistance accoutumée, avec un ensemble de circonstances qui éloignent toute idée d'un travail d'irritation actuel ou antécédent. En aucun cas d'ailleurs cette irritation ne peut suffire seule pour expliquer la production du ramollissement : toute son influence se borne à troubler le mouvement nutritif du tissu dont elle s'est emparée ; elle dérange la nutrition de son type normal ; mais d'elle ne dépendent ni le mode de ce dérangement, ni encore moins ses résultats ultérieurs. L'irritation donne l'impulsion à l'aberration de nutrition, elle ne la produit pas ; car la nature de cette aberration ne peut être jamais calculée ni d'après l'intensité, ni d'après la durée de l'irritation qui l'a précédée. En théorie, rien n'autorise à admettre que le ramollissement, pas plus que l'induration ou toute autre altération de nutrition, soit nécessairement précédé d'un afflux sanguin insolite, produit lui-même d'une irritation. En fait, nous ne devons pas admettre la liaison nécessaire de ces deux ordres de phénomènes, puisque dans plus d'un cas l'un apparaît sans que rien démontre que l'autre l'ait précédé ou accompagné. Que si nous voulions aussi *théoriser*, nous pourrions dire que chez beaucoup d'individus, comme chez certains enfants cacochymes, débiles, doués réellement d'une moindre somme de vitalité que celle dont ils doivent normalement jouir, chez les vieillards décrépits, chez les adultes scrofuleux, rachitiques ou scorbutiques, chez des personnes de tout âge épuisées par des maladies chroniques ou par un régime non suffisamment réparateur, comme chez les animaux dont M. Magendie a vu la cornée se ramollir sous l'influence d'une alimentation insuffisante ; dans toutes ces conditions, dis-je, les divers ramollissements qui surviennent peuvent être considérés comme n'étant qu'un degré de plus de la diminution de consistance que présentent en pareil cas soit la fibre musculaire, soit le sang lui-même. C'est par une force toute vitale d'agrégation que se réunissent et se maintiennent réunies les molécules des tissus; si donc, comme cela existe réellement dans une foule de cas, le sang et les nerfs ne nourrissent plus, ne vivifient plus suffisamment ou convenablement ces tissus, on peut concevoir qu'un des résultats de cette modification d'influence des deux principaux agents de la vie soit une cohésion moindre dans les molécules des tissus où elle se fait ressentir. De là leur ramollissement plus ou moins considérable depuis le degré où, comme on le dit vulgairement, il y a flaccidité des chairs, jusqu'à celui où, perdant le caractère de l'organisation, le solide tend à redevenir liquide. » Que de vues justes et avancées, la plupart vérifiées par l'expérimentation et les procédés modernes d'observation ! Ce qu'Andral dit si bien du ramollissement des tissus, ne peut-on le dire aujourd'hui d'un autre mode d'altération, non étudié de son temps, la stéatose ou dégénération graisseuse des tissus? Celle-ci ne survient-elle pas aussi bien à la suite de vices directs et spéciaux de la nutrition, qu'à la suite d'un travail inflammatoire prolongé?

Toute la méthode d'Andral dans l'étude des lésions consiste d'abord à bien décrire la lésion, ses aspects et modes divers, et puis à rechercher les causes productrices de ces lésions, à ne pas admettre une cause unique à laquelle on plie arbitrairement les faits, mais à préciser les causes diverses qui peuvent engendrer telle ou telle lésion. Croirait-on que le reproche que lui adrese Broussais est de négliger en anatomie, en pathologique, l'étude des causes? Par cela qu'Andral n'accepte pas l'unique cause imposée par Broussais, et qu'il en invoque d'autres suivant les cas, ce dernier l'accuse de tenir les causes pour un fait secondaire, et de n'avoir aucune doctrine. Il faut citer : « Toutes les forces intellectuelles de M. Andral sont absorbées par les descriptions; les causes sont pour lui un objet secondaire dont il fait peu de cas, et vers lequel il se contente de jeter un regard distrait à la suite de chaque description, afin de ne pas laisser de lacune dans son ouvrage. Il semble n'avoir pour but que de bien établir les faits matériels, laissant à d'autres le soin de les rapprocher et d'en tirer des inductions philosophiques qui puissent servir de base à la médecine. Du reste il paraît peu croire à la possibilité d'une doctrine définitive, et c'est pour cela sans doute qu'il n'essaye pas de la fonder : il a bien l'air d'attendre un messie, mais on juge aisément qu'il ne compte pas sur sa venue. » Broussais d'ailleurs se rend compte du but que poursuit Andral, remplacer un système exclusif, symbole éternel de l'erreur en médecine, par l'ensemble de toutes les vérités médicales, quelle que soit leur attache et leur provenance ; il pressent que le physiologisme ne résistera pas à ce plan d'attaque où les coups partent de tous côtés ; à la suite des lignes précédentes, il écrit ce qui suit : « M. Andral ne déprécie point avec aigreur, car son caractère est doux et bienveillant ; mais il marche constamment vers un double but, la désorganisation des systèmes, parce qu'il ne croit pas à leur utilité ; la substitution du doute, car le doute lui semble plus sage et plus philosophique que tous les systèmes explicatifs des phénomènes de la vitalité. Ainsi, s'il a un système, ce n'est pas dans ce sens qu'il faut l'entendre ; car son système à lui est de n'admettre aucune explication, mais de faire attention à toutes celles qu'on a données, au cas qu'il s'y trouvât quelque chose de bon. Malheureusement, il ne peut pas toujours être fidèle à ce plan, comme on le verra ; mais c'est un inconvénient attaché à la faiblesse humaine. M. Andral a ses affections, ses liaisons, ses engagements, ses ressentiments peut-être, et personne ne peut lui faire un reproche de n'avoir pas abdiqué la condition d'homme social. » (*Examen des doctr.*, IVe vol.)

Telles étaient les réflexions, empreintes d'une visible tristesse, qu'inspirait au chef de la médecine physiologique l'esprit général du *Précis d'Anatomie pathologique*. On remarquera le ton modéré avec lequel elles sont émises, ton nouveau pour celui dont les audacieuses invectives avaient, jusqu'ici, soulevé de si bruyants applaudissements. C'est que Broussais, écrivant ces lignes en 1834, était devenu le collègue d'Andral à la Faculté de médecine ; et il ne lui était plus permis d'exprimer autrement qu'en termes contenus l'opposition doctrinale qu'il soutenait contre la plupart de ses collègues. Et puis le temps des luttes violentes était passé ; il leur survivait et l'autorité qu'il y avait conquise faiblissait. Le vent populaire ne le portait plus. L'École anatomo-pathologique avait reconquis plus d'empire que jamais ; elle gouvernait la jeunesse médicale, lui montrait les régions inexplorées, et la conduisait aux investigations fécondes. Le physiologisme passait à l'état de vieille monnaie sans cours, ainsi que le disait Andral de l'inflammation.

VI

Le *Précis d'Anatomie pathologique* reprenait à un point de vue, encore bien vague et incertain, mais déjà marqué de l'esprit scientifique nouveau, l'étude de tout un ordre de lésions, dont la réalité semblait pour toujours reléguée dans le monde des chimères : je veux parler des *Lésions du sang*, titre donné à la section quatrième de l'ouvrage. C'était une résurrection ; et, entre les mains d'Andral, cette résurrection était destinée à devenir une création originale. Veut-on juger à quel point l'apparition de telles études remuait les esprits et déroutait les idées reçues? Il n'y a qu'à lire les journaux et les livres du temps; ils sont des plus éloquents à ce sujet. Ecoutons d'abord Broussais, *ab Jove principium :* « La section IV du t. Ier de l'*Anatomie pathologique* de M. Andral est entièrement consacrée à plaider la cause de *l'humorisme*, non pas dans l'intention d'en faire la base d'un système de médecine, mais dans le but de porter l'incertitude et la confusion dans le solidisme, à tel point que l'on soit entraîné avec lenteur vers le scepticisme, que tout soit mis en problème, et que, par conséquent, la méthode physiologique soit décréditée.

« Il commence par nous dire que le solidisme ne pouvant tout expliquer, on revient à l'humorisme qu'on avait abandonné. Ces retours vers le passé se voient en toutes choses; car aucune connaissance n'est complète, et les nouveaux venus, qui n'ont point été éduqués suivant les anciennes méthodes, qui n'en ont point éprouvé l'insuffisance et le dégoût, croient qu'ils iront plus loin que leurs maîtres en y revenant. Il leur faut l'expérience pour les détromper; et l'expérience dans une science est bien lente à produire ses résultats. On flottera encore longtemps, peut-être toujours, entre les vieux et les nouveaux systèmes. C'est ainsi qu'en religion nous voyons aujourd'hui la réaction contre le dix-huitième siècle; en politique, la réaction contre 1792; en philosophie le retour vers Platon et vers Aristote. Pourquoi donc ne verrions-nous pas la médecine rétrograder vers l'humorisme et vers le chimisme? » (*Examen des doctrines*, t. IV).

Ce sont des plaintes découragées que Broussais fait entendre, plus qu'une réfutation régulière: mais elles peignent la situation inattendue que que faisait naître l'initiative d'Andral. Celui-ci, d'ailleurs, dans sa *Clinique*, avait plus d'une fois marqué le retour à l'humorisme qu'il méditait d'accomplir. Les *Annales de la médecine physiologique* avaient souvent dénoncé en termes véhéments cette *réapparition honteuse du dégoûtant humorisme.* En 1829, le docteur Philister insérait dans ce journal une espèce de long pamphlet médical, dont les lignes suivantes peuvent donner une idée : « Les morts, dit-on, ne reviennent pas; cela est vrai pour les êtres physiologiques ou organisés qui ont peuplé l'univers; mais il n'en est pas de même des idées, des opinions, des hypothèses, des systèmes, des théories, des doctrines qui ont eu de la vogue dans les sciences, surtout en médecine, et qui n'ont eu quelque existence ou quelque vie que dans l'imagination des hommes. L'humorisme avait été combattu, réfuté, proscrit des écoles; on le croyait anéanti, complètement détruit pour toujours ; on n'osait même plus en prononcer le nom sans craindre d'exciter la nausée et le dégout. Hé bien, voilà que cette hydre aux cent têtes essaye de renaître de nos jours et menace d'envahir encore le vaste domaine de la médecine, où elle n'avait laissé que des brouillards et d'épaisses ténèbres... De là, par conséquent, la proscription du solidisme exclusif ou absolu, proscription qu'on fait sonner bien haut, et par laquelle on prétend ébranler la théorie de l'irritation, qui ne peut avoir d'appui que dans les solides. De là aussi l'adoption non de l'humorisme pur et absolu, mais du semi-humorisme par lequel on veut tempérer le solidisme et l'empêcher de régner despotiquement en médecine. De là enfin le pacifique et débonnaire éclectisme, où l'on se propose de choisir ce qu'il y a de bon dans chaque doctrine, et de les concilier toutes, en les adoptant en partie sans en adopter aucune entièrement. Ce système, si toutefois il méritait ce nom, ne tendrait qu'à faire de la médecine un monstrueux et épouvantable chaos que le plus grand génie ne saurait débrouiller. »

Ces clameurs intolérantes n'arrêtèrent pas Andral. Libre et désintéressé de tout système, il aimait à s'engager dans toutes les voies de l'observation, si abandonnées qu'elles fussent. S'il y a eu de fausses théories humorales, pensait-il, ce n'est pas une raison pour que les altérations des humeurs n'existent pas et qu'il n'y ait intérêt à les connaître. Le solidisme exclusif est impuissant à fournir la solution de toutes les questions médicales ; il faut donc interroger à leur tour les lésions humorales. Pourquoi délaisser des sources d'instruction qui peuvent devenir si fécondes ?

Andral aborde la restauration de l'humorisme par des considérations physiologiques élevées sur les relations réciproques et les affinités profondes des solides et du liquide nourricier partout répandu, le sang. Il montre la profonde vérité du mot de Bordeu, *le sang est de la chair coulante*. « Sous le triple rapport, dit-il, des phénomènes vitaux, de la structure intime, de la composition chimique, aucune ligne de démarcation ne saurait être établie d'une manière rigoureuse et précise entre le sang et les solides. Physiologiquement parlant, on ne saurait concevoir que de ces deux parties d'un même tout, l'une soit modifiée sans que l'autre ne le soit aussi..... La physiologie nous conduit donc à admettre qu'à la suite de toute altération des solides il doit y avoir altération du sang ; de même qu'à la suite de toute modification du sang il doit y avoir modification des solides. Placé dans ce point de vue, on ne trouve plus de sens aux disputes des solidistes et des humoristes : l'économie ne paraît plus qu'un grand tout, indivisible dans l'état de santé comme dans l'état de maladie ; la distinction des parties du corps en solides et en liquides ne semble plus qu'une distinction peu importante, et qui n'est pas toujours juste puisqu'elle cesse d'être réelle dans les trames organiques, là où s'accomplissent tous les grands phénomènes vitaux, là aussi où se passent tous les changements qui constituent l'état morbide. » Cette admirable page de physiologie générale était une irrésistible réfutation de la physiologie systématique de l'irritation et du solidisme exclusif auquel cette physiologie était enchaînée; elle était la justification anticipée de l'étude anatomopathologique du sang, étude à laquelle Andral allait bientôt se consacrer entièrement, et dont il devait livrer les fruits, dix ans plus tard, en 1840.

Dans le *Précis d'anatomie pathologique*, Andral accumule toutes les notions acquises sur les altérations du sang, mais ces notions ne forment pas encore un tout, un ensemble constitué et vraiment scientifique. Ce sont des vues et des indices, des questions posées plutôt que résolues. Il pressent en observateur curieux et pénétrant qu'il y a là des filons encore cachés, et qui ne livreront leurs trésors que par un travail persévérant, auquel devront participer, auquel il appellera les autres sciences et tous les moyens d'analyse, la chimie d'abord, le microscope ensuite. Pour le moment, il en est réduit trop souvent à des généralités, à des appréciations incomplètes, à des conjectures. Il n'importe, les conjectures elles-mêmes ont souvent leur utilité. « Si donc, dit-il, il n'y a de tous côtés que des conjectures plus ou moins vraisemblables, il doit y avoir utilité pour la science à ce que toutes soient présentées, pourvu qu'on ne les donne que comme des conjectures, basées, toutefois, sur assez de faits, sur assez de considérations physiologiques pour devoir être prises en considération. Il me paraît bien certain que les théories du solidisme en général, que celle de l'irritation en particulier, sont insuffisantes pour rendre raison de tous les faits observés. En pareille position que faut-il faire? Prendre un autre point de vue, et examiner ce qu'il nous donnera. »

Dans ces conjectures, Andral ne recule même pas devant l'admission d'une *matière morbide* circulant dans le sang, déposée dans les organes, et devant être éliminée par les voies naturelles ou par une voie anormale. C'était revenir aux théories de l'ancien humorisme, à celles de Sydenham et de Stoll, qui, malgré les dédains du physiologisme régnant, avaient laissé d'assez grands souvenirs. Ce n'en était pas moins un scandale que de réveiller de telles idées. « Ramené, écrivait Boisseau, par des élucubrations purement théoriques, vers l'idée d'une matière morbide, M. Andral dit avec franchise: « En arrivant à cette conséquence j'en suis en quelque sorte étonné moi-même; mais ce retour vers des idées dont l'exagération a fait tant de mal à la médecine pratique doit-il arrêter ma plume? Je ne le pense pas; car après tout, je sais fort bien que je ne suis que dans l'hypothèse; mais cette hypothèse me semble très-bien lier tous les faits observés; elle les embrasse tous, soit les faits de symptômes, soit ceux d'anatomie pathologique, soit ceux de traitement; et je ne crains pas de le dire, parce que j'en ai la conviction profonde, cette hypothèse rend des faits un compte bien plus large que l'hypothèse dans laquelle chacun des désordres locaux n'est considéré que comme le résultat d'une irritation toute locale, dont la cause ne saurait être placée ailleurs que dans le point même où le désordre s'est accompli. »

« Nous avons du citer textuellement des pages semblables, continue Boisseau; tout extrait en eût altéré le sens. Après les avoir lues, nous demeurons encore plus étonné que M. Andral, et nous demandons si tout cela est véritablement sorti de la plume d'un médecin? Certes il y a de quoi s'étonner de revenir, sans le vouloir, à des idées auxquelles tant de siècles n'ont pu donner aucune consistance, et qui n'ont été abandonnées que parce qu'on les a retrouvées vides de sens. Ce n'est point à la médecine pratique que l'exagération de ces idées a fait du mal, c'est à l'humanité. Il y avait là de quoi arrêter une plume moins confiante que la sienne. » (*Journal Universel* (1829.)

Que deviendrait l'étonnement de Boisseau, si, reparaissant parmi nous, il voyait non-seulement la chute profonde du physiologisme, il pouvait la prévoir malgré sa fidélité à cette doctrine, mais encore la renaissance de l'humorisme sous toutes ses formes? Ici, la matière morbide, la *matière peccante* comme l'appelaient les anciens, invoquée pour expliquer toute fièvre, exagération qui reproduit les vieilles exagérations; là, les altérations des parties constituantes du sang recherchées avec une finesse de procédés que nul ne pouvait soupçonner. Que dirait-il s'il voyait le rôle peut-être excessif que l'on fait jouer à l'anémie, et jusqu'à ces altérations primitives et spontanées du sang que l'on reconstitue de partout, et dont les anémies spontanées et essentielles, pernicieuses ou progressives, dont on poursuit actuellement l'histoire, sont une image? Boisseau comprendrait à ce spectacle que les exclusifs ont tort en tout, et que l'économie vivante est un abîme de choses et de faits qu'une seule idée ne comblera jamais. L'esprit de l'homme qui imagine un système peut-il jamais croire qu'il atteindra à une représentation vraie de la nature? Celle-ci ne dépassera-t-elle pas à tout jamais nos imaginations, si subtiles ou bien tramées qu'elles soient?

Andral, en ces premières études sur l'humorisme, avoue donc qu'il n'est pas en état de fournir un enseignement dogmatique, et qu'il en est réduit souvent à des notions incomplètes; à des hypothèses plus ou moins plausibles. Cependant il ne considère pas qu'aucune vérité médicale positive ne puisse sortir des faits qu'il met en lumière. Loin de là ; il arrive à quelques idées pathogéniques suffisamment établies, et ces idées sont la négation directe de toutes les théories absolues de localisation morbide que professait l'école physiologique, et auxquelles inclinait l'école anatomo-pathologique elle-même. Sans craindre d'abuser des citations, car nous devons laisser son accent propre à la parole d'Andral, alors surtout qu'elle devançait son temps, nous emprunterons encore au chapitre sur les lésions du sang, une remarquable page qui résume la pensée du maître : « Je viens de retracer les faits, les raisonnements, qui, dans l'état actuel de la science, doivent conduire à reconnaître dans le sang l'existence d'un certain nombre d'altérations. Ce que j'ai dit à cet égard suffirait déjà, à mon avis, pour démontrer que non-seulement ces altérations sont réelles, mais qu'elles sont souvent primitives, qu'elles précèdent celles des solides, et que dans le sang, par conséquent, se trouve le point de départ de plus d'une maladie. S'il est vrai que la masse du sang peut être, dans certains cas, primitivement altérée, il s'ensuit que l'existence des maladies générales n'est point une chimère : lorsqu'en effet tous les tissus viennent à recevoir un sang altéré, n'est-il pas physiologique d'admettre que leur mode normal de vitalité, de nutrition, de sécrétion, doit être plus ou moins profondément modifié ? Ou il faut accepter cette conséquence, ou il faut nier l'influence que, de l'aveu de tous les physiologistes, le sang exerce sur tout solide. Alors il peut arriver qu'un ou plusieurs organes viennent à s'affecter d'une manière plus prononcée que d'autres. Alors peuvent naître dans ces organes diverses lésions qui ne sont qu'accidentelles et secondaires ; mais ce n'est point dans ses lésions qu'a été le point de départ de l'affection ; ce n'est point d'elles que dépendent tous les symptômes, et enfin ce n'est point à elles seules qu'il faut demander, si l'on peut ainsi dire, de nous éclairer sur la véritable nature de la maladie, non plus que sur les agents thérapeutiques qu'il est convenable de lui opposer. Aussi l'observation apprend-elle que ces lésions peuvent être graves ou légères, présentes ou absentes, identiques ou différentes, et que, cependant, nuancée dans ses symptômes variables dus à ces lésions, la maladie n'en existe pas moins, constituée par des symptômes constants dus à l'état du sang. »

Nous ne saurions accepter pleinement la notion de maladie générale, restreinte à la lésion d'un système organique général, ou du liquide sanguin partout répandu. La lésion reste toujours ainsi le fait primitif de la maladie, quoique elle ne soit qu'un fait second, dont la cause est dans l'unité vivante, comme en cette unité trouvent leur existence et leur raison fonctionnelle tous les appareils organiques généraux. Toutefois, malgré l'insuffisance de cette notion, qui pourrait méconnaître la largeur et l'indépendance avec lesquelles Andral oppose à l'étroite localisation de toute maladie, l'idée d'une maladie générale, à laquelle se subordonnent toutes les lésions locales? Comme il sait bien voir que la maladie est telle ou telle dans sa forme et dans sa gravité, en raison de l'état général, dû, suivant lui, à l'altération du sang! La lésion locale peut même manquer, et la maladie subsiste et évolue, tant cette lésion est le fait secondaire et soumis! Toutes ces idées sont aujourd'hui monnaie courante, pour les bons esprits; mais combien elles étaient hardies en ces temps d'obscurcissement! Et combien le joug d'un système étouffe les vérités pratiques les plus fortes et les plus fécondes!

Ces premières études d'Andral sur les lésions du sang datent de 1829 : elles laissèrent en son esprit des traces qui ne devaient plus s'effacer. Il avait pu juger à quel point la science était pleine de lacunes en ces matières; problablement il conçut, dès cette époque, le dessein de faire la lumière dans les obscurités qu'il venait de sonder. Ce dessein patiemment poursuivi devait le conduire aux célèbres travaux par lesquels il inaugurait, en 1840 et 1842, l'hématologie moderne. Il se choisit pour ces travaux, dans lesquels l'expérimentation devait prendre une large part, un jeune collaborateur tout pénétré de la nécessité d'appliquer les sciences physico-chimiques à l'étude des actes vitaux, physiologiques et pathologiques, et qui, inconnu la veille, devenait le lendemain son collègue à la Faculté de médecine, et y relevait l'enseignement de la physique médicale. M. Andral a dit de M. Gavarret, qu'il devait « infiniment à sa collaboration savante et dévouée; » nous ne saurions émettre une appréciation plus autorisée. Les résultats de ces recherches furent consignés dans deux Mémoires, successivement lus à l'Académie des sciences, et qui ont été publiés dans les *Annales de physique et de chimie*, tome LXXV, sous le titre de *Recherches sur les modifications de proportion de quelques principes du sang (fibrine, globules, matériaux solides du sérum et eau) dans les maladies*, par MM. Andral et Gavarret. Ces Mémoires furent bientôt suivi d'un autre travail, conçu au point de vue de la médecine comparée : *Recherches sur la composition du sang de quelques animaux domestiques dans l'état de santé et de maladie*, par MM. Andral, Gavarret et de La Fond. Ce nouveau collaborateur était professeur à l'École vétérinaire d'Alfort. Enfin Andral expose et développe en médecin tout ce que ces études nouvelles lui ont appris dans l'interprétation des faits morbides, et publie en 1843 un court mais substantiel ouvrage : *Essai d'Hématologie pathologique*. Cette œuvre, dans ses traits principaux, est présente à l'esprit de tous ceux qui s'occupent des choses médicales ; il n'y a ni à en montrer la haute portée, ni à l'analyser en détail. Toutefois il peut n'être pas inutile de mettre en relief comment elle venait justifier tout ce qu'Andral avait pressenti douze ans plus tôt, comment aussi elle s'accorde avec toutes les grandes vérités de la tradition médicale, qu'Andral avait recueillies à travers la tourmente physiologique où elles semblaient prêtes à sombrer.

Nous ne nous arrêterons ni à l'exposé historique des doctrines humorales par lequel Andral ouvre son ouvrage, ni à la nécessité qu'il invoque d'appeler la chimie à son aide pour arriver à une analyse vraiment scientifique du sang, ni à l'étude de la composition normale du sang qui sert de fondement à celle de ses altérations pathologiques, ni même aux intéressantes recherches sur la pléthore et sur l'anémie, deux états de l'organisme, qui, à un faible degré, peuvent encore coïncider avec la santé, qui, à un degré plus élevé, cessent d'appartenir à l'état physiologique ; mais qui dans tous les cas avaient été pressentis et presque qualifiés avec justesse par l'observation chimique. Je viens sans retard à la partie capitale de l'*Essai d'Hématologie*, à la distinction et à la caractéristique des deux grandes classes de maladies aiguës, les fièvres essentielles ou pyrexies, les inflammations locales franches, ou phlegmasies.

La tradition médicale, jusqu'à Broussais, avait établi, entre ces deux classes de maladies, des distinctions fondamentales ; la révolution physiologique avait surtout consisté dans la négation des fièvres essentielles, et dans leur identification avec les phlegmasies. Il n'y avait plus qu'une seule classe de maladies aiguës, celle des inflammations locales ; le reste de la pathologie n'était que le retentissement plus ou moins étendu de celles-ci. Andral avait semblé céder lui-même au torrent physiologique en classant, dans la seconde édition de sa *Clinique*, les fièvres parmi les maladies de l'abdomen ; il paraissait en faire des maladies locales, et par conséquent des phlegmasies. Nous avons vu que cette concession à l'enseignement du Val-de-Grâce était plus apparente que réelle ; elle n'en montrait pas moins à quel point les esprits étaient bouleversés. Andral avait à relever les traditions un instant délaissées par lui ; et c'est de la connaissance des altérations du sang dans les fièvres et dans les phlegmasies, qu'il va faire surgir une confirmation nouvelle de vérités impérissables.

L'article III de l'*Hématologie* traite *du sang dans les pyrexies*, et il commence par la déclaration suivante : « Les pyrexies forment une grande classe de maladies aiguës qu'on a vainement cherché à faire disparaître des cadres nosologiques, pour les rejeter toutes dans l'ordre des simples inflammations. Une pareille prétention ne saurait être soutenue : les pyrexies existent comme des maladies à part ; les causes qui souvent les développent, les symptômes qui les caractérisent, la nature spéciale des altérations qu'elles amènent dans les solides, l'époque du développement de ces altérations, souvent postérieur à celui du mouvement fébrile, voilà déjà autant de graves motifs pour ne pas confondre les pyrexies et les phlegmasies ; mais l'analyse du sang vient encore établir une différence des plus remarquables entre les unes et les autres ; les résultats fournis par cette analyse ont quelque chose de si tranché, qu'ils me semblent consacrer d'une manière définitive la distinction, vainement combattue, des pyrexies et des phlegmasies. »

Andral montre, en effet, que jamais, dans les pyrexies, ne s'observe une augmentation quelconque de la fibrine dans le sang ; augmentation qui est, au contraire, constante dans les phlegmasies. Dans les pyrexies légères la fibrine garde sa quantité normale, et le sang n'offre aucune altération sensible ; la fièvre reste le caractère essentiel de la maladie ; mais si la pyrexie devient grave, l'altération du sang devient manifeste, et consiste dans la diminution de la fibrine du sang, diminution qui peut devenir excessive. « A toutes les époques de l'observation clinique, dit Andral, et à quelque point de vue théorique que l'on fut placé, on a reconnu que, parmi les pyrexies, il y en avait qui ne s'accompagnaient d'aucun symptôme grave, et qui marchaient naturellement vers une terminaison favorable, tandis qu'il y en avait d'autres qui, soit dès leur début, soit pendant leur cours, s'accompagnaient d'accidents de nature telle, qu'il semblait que les forces qui régissent l'organisme fussent ou vaincues, ou assez profondément troublées pour que l'extinction de la vie dût en être la conséquence ; et en même temps l'on constatait qu'en pareil cas le sang offrait un aspect particulier : on avait vu que, devenu moins consistant, il semblait tendre à une sorte de dissolution. Admis dans tous les temps, mais diversement expliqué suivant les théories dominantes, cet état qui peut se développer dans toute pyrexie, et auquel plusieurs semblent naturellement tendre, a été appelé tour à tour état putride, état adynamique, état typhoïde ; il a son plus grand développement dans les typhus proprement dits ; il leur est en quelque sorte inhérent, il en est comme l'essence. La pyrexie, appelée aujourd'hui fièvre typhoïde, le présente à un faible degré dès son invasion, et les cas graves de cette maladie en sont surtout la représentation. Il n'existe pas ordinairement dans les fièvres éruptives, mais il vient souvent les compliquer, et constitue un de leurs dangers. Enfin, en dehors de ces pyrexies à caractères bien tranchés, et qui ont une place bien déterminée dans les cadres nosologiques, il en est d'autres auxquelles aucun nom n'a été imposé, et qui peuvent encore présenter à un haut degré ces symptômes divers auxquels les anciens attachaient l'idée d'état putride. C'est que dans toutes ces pyrexies peut effectivement exister une altération commune dont le sang est le siége, et dont l'existence coïncide constamment avec l'apparition de ces phénomènes toujours les mêmes que le vitalisme attribuait à l'adynamie, le solidisme au relâchement de la fibre, l'humorisme à la putridité des humeurs. Cette altération du sang consiste dans une diminution de sa fibrine. C'est par conséquent l'altération inverse de celle qui traduit dans le sang l'état phlegmasique. »

Voilà donc, au point de vue anatomique, les fièvres non-seulement distinctes des phlegmasies, mais opposées à celles-ci. Cette lésion anatomique du sang est-elle le fait primitif? Evidemment non, répond Andral, puisque la diminution de la fibrine n'existe pas dans toute fièvre; le fait primitif, la condition étiologique de toute fièvre, suivant lui, c'est une cause spécifique qui agit sur le sang de telle façon qu'elle tend à y détruire la matière spontanément coagulable, tandis que la cause qui fait les vraies phlegmasies tend au contraire à créer dans le sang une nouvelle quantité de cette matière. Si la cause spécifique agit avec peu d'énergie, ou si l'économie lui résiste, la destruction de la fibrine ne s'accomplit pas ; dans le cas inverse, la fibrine se détruit plus ou moins suivant l'intensité du mal. « Il y a pour moi dans tous ces cas, dit Andral, une véritable intoxication : si elle est légère, son effet sur le sang doit sans doute exister toujours, mais il n'est pas appréciable; si l'intoxication est plus forte, l'effet qu'elle a produit sur le sang devient sensible, et il se marque dans ce liquide par une diminution de la fibrine. » La science moderne nous ramène donc, avec Andral, à la matière morbide, nuisible, hétérogène, ou peccante, introduite dans le sang, laquelle, pour les anciens médecins, était la cause de toutes les pyrexies. Elle nous ramène aussi à l'idée de spécificité et de contagion, si puissante dans l'ancienne médecine. Combien nous voilà loin de la doctrine physiologique, où parler de spécificité et de contagion était un crime irrémissible, et rangeait celui qui le commettait parmi les fanatiques imbéciles du passé, les partisans de l'ontologie et de l'obscurantisme! On craignait d'avouer pour maladie contagieuse, même la syphilis et la variole. Quant à parler de contagion à propos de la fièvre typhoïde, des angines couenneuses, de la fièvre puerpérale, de certains érysipèles graves, nul n'aurait osé y songer, tant les foudres du Val-de-Grâce inspiraient de terreur!

Il faudrait citer en entier l'article de l'*Essai d'Hématologie* consacré aux pyrexies, ainsi que celui qui traite des phlegmasies, si l'on prétendait signaler les faits importants qu'Andral sait rattacher aux altérations du sang, dans ces deux grandes classes de maladies. Nous ne pouvons en donner qu'une bien faible idée. Le chapitre des phlegmasies où Andral reprend le mot inflammation, qu'il avait, ailleurs, cru devoir supprimer comme une monnaie vieillie, effacée, hors de cours, et qui de nouveau s'impose à lui comme l'expression traditionnelle d'un état morbide défini, est plein de révélations. L'augmentation constante de la quantité de fibrine du sang, l'association nécessaire de cette augmentation avec un travail phlegmasique local, ces deux faits ajoutent à l'histoire des inflammations des traits nouveaux, et désormais ineffaçables. Les interprétations pourront varier, les faits subsisteront. Celles qui sont fournies par Andral me paraissent conserver presque toute leur valeur. Ce sang chargé de fibrine peut bien jouer un grand rôle dans les manifestations générales qui accompagnent les phlegmasies locales, et les prétendues irradiations sympathiques sont des faits bien plus vagues et contestables que l'altération du sang qui fait partout sentir sa présence. Andral en conclut qu'une inflammation n'est pas une maladie purement locale. La conclusion est vraie, mais pourrait être fondée sur des raisons encore plus profondes. Il n'importe, et les remarques d'Andral sur la corrélation presque constante entre l'état fébrile dans les phlegmasies et l'augmentation de la fibrine, n'en sont pas moins d'un haut intérêt. La fièvre naît en même temps que la fibrine augmente; si la fièvre cesse, c'est que la fibrine revient à sa quantité normale ; « et cependant, dit l'auteur, la lésion locale peut encore persister alors avec une assez grande intensité : combien de fois, par exemple, ne m'est-il pas arrivé de continuer à trouver par l'auscultation les signes parfaitement caractérisés d'une hépatisation pulmonaire, alors que depuis plusieurs jours déjà, toute fièvre et toute apparence de participation de l'économie à l'affection du poumon avaient complétement disparu, et à tel point que, sans l'auscultation, on aurait pu croire la maladie tout à fait terminée. C'est qu'elle l'était en ce sens que l'altération du poumon n'était plus que le résultat, presque sans importance, d'un travail morbide qui s'était arrêté ; dès lors la fièvre s'était arrêtée aussi, et la production d'une fibrine nouvelle, indice de ce travail dans le sang, avait-elle même cessé d'avoir lieu. La maladie était alors redevenue purement locale, si toutefois cet état du poumon mérite même encore le nom de maladie. » Quelle plus catégorique démonstration de la subordination de l'état local à l'état général, à cet état que les contro-stimulistes italiens avaient appelé la diathèse inflammatoire!

La recherche des altérations du sang dans les maladies chroniques a conduit souvent Andral aux remarques les plus fines, et les plus fécondes en aperçus cliniques. Voyez, pour n'en citer qu'un exemple, ce qu'il dit de l'état du sang chez les malades affectés de cancer, et chez les prédisposés à la tuberculose. Les premiers, au début, gardant la proportion normale des globules du sang, ne commencent à subir la diminution de ces globules que lorsque la maladie est déjà avancée, ou compliquée d'accidents hémorrhagiques, et qu'il y a épuisement de l'économie ; les seconds présentent une diminution des globules du sang non-seulement au début de l'affection, mais avant même que l'affection se soit instituée, se soit dévoilée par aucun signe ou symptôme. « Aussi remarquez, dit-il, que tandis que dès le début de sa maladie, et souvent même avant qu'elle puisse être démontrée, le tuberculeux est presque toujours remarquable par sa faiblesse et sa pâleur, il n'en est pas de même du cancéreux : celui-ci peut présenter avant l'invasion de son mal, et pendant les premiers temps de son existence, toutes les sortes possibles de constitutions et de tempéraments. Quoi de plus commun que de voir une affection cancéreuse s'établir chez des individus d'un tempérament sanguin et qui ont l'aspect pléthorique? Quoi de plus rare au contraire que le développement des tubercules avec de telles conditions de l'organisme? Sans doute, les cas ne sont pas rares dans lesquels on voit de jeunes sujets, chargés d'embonpoint, à teint fleuri, et qui ont une certaine apparence de force, devenir tuberculeux ; mais ces individus n'ont qu'une fausse pléthore ; ils ont au fond un tempérament lymphatique, et, si on analyse leur sang, on y trouve les globules abaissés à la limite inférieure de leur quantité physiologique, ou même descendus un peu au-dessous de cette limite. »

Nous devons nous arrêter. Quelle différence entre ces notions précises, caractérisant nettement les faits cliniques, et celles qu'Andral émettait dans son précis d'anatomie pathologique! Des deux côtés le sujet est le même, *Lésions du sang;* mais quelle distance dans la connaissance! Là des aperçus vagues, mal démontrés alors même qu'ils sont justes ; ici des faits positifs, des lois générales embrassant et classant les faits, un langage scientifique, la tradition renouvelée. L'*Essai d'Hématologie pathologique* fait d'Andral le fondateur de l'humorisme moderne et scientifique. Ce titre ne lui sera pas enlevé, pas plus que ne s'effacera désormais l'étude des altérations humorales. L'étonnement aujourd'hui ne saurait plus être, comme en 1829, du côté de ceux qui revoient vivante la pathologie des humeurs que l'on croyait éteinte sans retour ; il serait, et profond, du côté de ceux qui verraient en contester et l'existence et le rôle considérable. Que les temps sont donc changés et combien les systèmes vivent peu !

VII

A travers des luttes mémorables auxquelles il prit une part dont nous avons mesuré l'importance, à travers tant de travaux touchant à presque tous les points de la science de l'homme malade, la vie militante et scientifique d'Andral présente une unité dominante, une pensée constante qui le guide et l'inspire. Cette pensée c'est que la science est vaste, que ses grands aspects sont multiples, qu'aucun système exclusif ne les embrasse tous, que nous n'avons pas le droit de proscrire tel ou tel côté des vérités médicales, que nous devons tout voir, tout observer, tout analyser, tout comprendre, que le médecin systématique est condamné à torturer les faits, à dénaturer la science, qu'il est voué à l'erreur et, finalement, à une thérapeutique funeste.

« C'était un des dogmes professés par l'Ecole de Cos, écrivait-il en tête de l'*Essai d'Hématologie*, que, pour expliquer les phénomènes de la santé et de la maladie, il fallait prendre également en considération les solides qui entrent dans la composition du corps humain, les liquides dont il est si abondamment pourvu, et les forces qui le régissent. Cependant peu de médecins restèrent fidèles à ces principes qu'Hippocrate a exposés dans plusieurs de ses ouvrages, et spécialement dans son livre de l'*Ancienne médecine*, et nous voyons Galien reprocher avec une sorte d'amertume à ses contemporains d'avoir brisé ce bel ensemble de l'ancienne école grecque, pour ne plus faire intervenir dans l'explication des maladies, les uns que les solides, les autres que les liquides, les autres enfin que les forces qui pénètrent et animent la matière organisée. » Andral prétendit demeurer fidèle au programme hippocratique, et demander la raison des faits pathologiques à ces trois sources organiques, dont aucune isolément ne saurait subsister, mais qui toutes se fondent en cette synthèse visible qui fait l'organisme vivant. Comprendre et interroger l'organisme vivant tel qu'il est, dans tous ses éléments constituants ; rechercher en ces éléments divers la raison diverse des faits morbides ; repousser comme insuffisante toute physiologie et toute pathologie, qui mutile et rapetisse le tout vivant, si complexe, si infiniment varié, si hors de proportion avec nos conceptions si enflées qu'elles soient ; telle fut la pensée une à laquelle Andral obéit, et qu'il essaya de développer dans son œuvre.

Cette pensée, il lui chercha un nom, car il savait qu'en ces temps de combat où il vivait, un nom peut devenir un drapeau, un symbole de ralliement, et propager l'idée juste. Ce nom, il l'emprunta à l'école philosophique dont le chef éloquent régnait à la Sorbonne ; Victor Cousin était, d'ailleurs, l'un de ses amis, et aussi l'un de ses plus fervents admirateurs. Entre eux, il se fit, sans doute, un échange intime d'idées, et le philosophe dut inspirer le médecin. Il y eut donc l'éclectisme médical, comparable, en apparence, à l'éclectisme philosophique, alors dans tout son éclat.

Qu'était-ce au fond que cet éclectisme médical dont Andral jetait le nom au milieu des disputes doctrinales qui agitaient les écoles? Etait-ce un système, hier inconnu, et naissant tout à coup sur le terrain médical; avait-il la prétention de constituer une école nouvelle, destinée à se substituer au passé comme au présent de la médecine? Je ne veux pas examiner jusqu'où allait l'ambition de l'éclectisme philosophique; on l'a accusé d'aspirer trop haut, et l'on a dépensé beaucoup de raison et de passion pour prouver que la réforme métaphysique que Cousin prétendait inaugurer, à l'abri de ce nom conciliant, n'était qu'une vaine et orgueilleuse illusion. Les mêmes accusations ont retenti contre Andral ; à lui aussi on a voulu prouver que l'éclectisme ne cachait que le vide, ou que l'esprit de coterie et de dénigrement. Les journaux du temps sont pleins de récriminations à ce sujet : « S'il est vrai, écrivait Boisseau, qu'il n'a été donné jusqu'ici à aucun système d'embrasser tous les faits, c'est qu'aucun système apparemment n'a été déduit de tous les faits. C'est que les auteurs des systèmes, au lieu d'y laisser des cases vides, se plaisent à les remplir par des abstractions, des suppositions, des prévisions, des possibilités et des peut-être ; c'est par ce qu'ils élargissent le produit de l'observation en y ajoutant les données fournies par l'imagination. La conséquence de tout cela est qu'il faut être dogmatique pour tout ce qui est démontré, sceptique pour tout le reste; mais ce n'est pas là être éclectique. Ferez-vous de la science réelle avec de l'éclectisme? Sur quoi peut s'appuyer l'éclectisme ? Sur les faits ? vous donnez donc ce nom à la saine critique ? Sur les hypothèses ? Ce n'est encore que de la critique; faites mieux, abjurez-les toutes. Sur les déductions ? mais la logique seule a prise sur elles, et vous faites éclectisme synonyme de bon sens. Eclectisme n'est au fond qu'un signe de ralliement, un nom de parti qui a la prétention de ne pas en être un, une bannière sous laquelle se cache l'esprit de système, quand il renie sa propre nature, dans l'espoir d'échapper à l'esprit de critique, et pour se préparer des moyens de retraite et de conciliation pour l'avenir et lorsqu'il voudra se faire pardonner le passé. » (*Journ. universel*, 1829.) On en venait presque à transformer Andral en une sorte d'ambitieux caché, aspirant à la domination, et se ménageant en même temps d'habiles retraites. Ailleurs, M. Raige-Delorme, l'un des rares survivants de cette vaillante époque, reprochait à Andral de se laisser entraîner par une philosophie qui s'est parée du nom d'éclectique, et de comparer les principes de l'*école de l'irritation* à ceux de l'*école de la sensation*. « Cela suffit, ajoutait M. Raige-Delorme, pour faire apprécier les principes de l'école dans laquelle il a cherché lui-même ses aspirations. S'il ne donne pas d'autres bases à l'éclectisme médical qu'il prétend fonder, il court risque de ne pas élever bien haut l'édifice de sa nouvelle doctrine. » (*Archives générales de médecine*, 1829).

La vivacité de ces apostrophes montre à quel point Andral avait bien choisi son mot de combat contre la doctrine fausse et exclusive, qui, tout à la fois, séduisait et opprimait les intelligences médicales de ce temps. Car, en réalité, l'éclectisme n'était que cela, et Andral ne songeait à rien moins qu'à ajouter un système à tous ceux qui encombraient la science. L'éclectisme n'était qu'une expression habilement demandée aux circonstances, et par laquelle il pressait le retour des générations à la grande synthèse formulée par Hippocrate, et que nous rappelions ci-dessus. Aussi la vérité médicale reconquise, l'éclectisme ne répondait plus à aucun besoin; sa raison d'être avait disparu; c'était un mot destiné à l'oubli. C'est là ce qu'Andral exposait, dans une des leçons magistrales de son cours d'*Histoire de la Médecine*, recueilli par M. le Dr Tartivel. Nous ne pouvons ne pas reproduire ce beau tableau de la naissance et de la chute des systèmes :

« Au fond, disait Andral, si les chefs des diverses sectes médicales ont pu grouper autour d'eux un nombre plus ou moins considérable de partisans et fonder des écoles plus ou moins vivaces, c'est qu'ils ont eu ou assez d'habileté, ou assez de puissance pour manier, à leur profit, deux principes ou mobiles, inhérents à la nature humaine, source de bien ou de mal suivant la manière dont on les exploite, à savoir l'enthousiasme et la crédulité.

« L'enthousiasme inspire une foi aveugle. Tant que durent cet enthousiasme et cette crédulité, c'est chose merveilleuse de voir avec quelle facilité singulière les esprits les plus distingués, comme les plus vulgaires, acceptent sans contrôle les idées qui leur sont imposées par celui qu'ils regardent comme leur chef ou leur maître. Il y a, pour chaque secte, un temps où cet enthousiasme est à son comble et la crédulité sans limites; mais il y a une époque aussi où l'enthousiasme tombe et où le désenchantement arrive. On s'étonne alors d'avoir pu croire à des assertions sans preuves, et d'avoir pris feu pour des chimères. On déplore son aveuglement, et cependant vienne un nouveau chef d'école aussi puissant et aussi adroit, les mêmes illusions reparaissent, et toujours l'humanité se meut autour d'un même cercle de faits et d'idées. Cette vérité est surtout frappante en médecine.

« Toutefois il s'est rencontré, dans tous les temps, des esprits assez fortement trempés pour résister à cet entraînement et pour échapper à l'influence du double principe d'enthousiasme et de crédulité. Ces esprits froids et douteurs, comprenant les bornes de l'esprit humain et sachant au prix de combien d'efforts et de travaux on arrive à la conquête de la plus simple vérité, ont créé une nouvelle philosophie. Au lieu de croire qu'une idée peut être assez grande pour embrasser à elle seule toute la science, ils reconnaissent et cherchent à faire comprendre aux autres que, dans aucune secte, la vérité ne saurait exister tout entière, mais qu'elle est éparse un peu çà et là dans les divers systèmes. Donc tandis que d'autres rejetant absolument tout ce qui n'est pas conforme à leur idée, croient voir la vérité tout entière du point de vue où ils se sont placés, eux, les esprits douteurs, reconnaissant que la science a plusieurs faces, prétendent qu'en se plaçant, tour à tour, à divers points de vue, on en saisit mieux les détails et l'ensemble. Ils choisissent donc parmi les divers systèmes; de là leur nom d'*éclectiques*.....

« C'est l'éclectisme qui, lorsqu'une idée longtemps dominante, minée par ses doutes, sapée par ses investigations, ébranlée par ses critiques, s'est écroulée enfin sous ses coups; c'est l'éclectisme, dis-je, qui, après avoir renversé et détruit, relève et reconstitue la science. Il recueille les débris du passé; et choisissant parmi eux ceux que les siècles n'ont pu détruire, mais sur lesquels ils ont passé en leur communiquant un degré de plus de grandeur, de solidité, de résistance, il les cimente, et, sur cette base plus ferme, élève un nouvel édifice. Ce n'est plus alors la science telle que l'avait faite une idée exclusive; c'est la science composée de toutes les idées, de toutes les vérités, de toutes les découvertes dont le génie fécond des grands hommes a successivement enrichi l'humanité. L'éclectisme a pour mission, une fois l'idée exclusive détruite, de dresser l'inventaire des connaissances acquises, de les coordonner, de leur communiquer son impulsion. Quand ce travail est accompli, personne, alors, n'a plus le droit de s'appeler éclectique, car l'éclectisme, devenu général, est tombé dans le domaine public. Ainsi, aujourd'hui, tout le monde est éclectique, et vainement vous chercheriez parmi nous un chef d'école. Tandis qu'il y a trente ans, on rejetait l'humorisme et le vitalisme pour ne croire qu'au solidisme, aujourd'hui tous les médecins admettent, avec les idées solidistes, les idées vitalistes et humorales. » (*Union médicale* 1853.)

Tel est le sens modeste au point de vue philosophique, tel est le rôle important au point de vue pratique, assignés à l'éclectisme par Andral lui-même. Opposer à l'absolutisme de chaque système toutes les vérités recueillies par la tradition, les invoquer tour à tour contre lui, les démontrer et les développer à nouveau, ébranler ainsi l'autorité factice du système quelque acclamée et bruyante qu'elle soit, assister enfin à sa chute, et maintenir au milieu de cet écroulement la science traditionnelle, de sorte que ce ne soit point la vraie médecine qui croule, mais seulement ce qui en avait usurpé le nom, telle est l'œuvre de l'éclectique. Cette œuvre de restitution accomplie, l'éclectique dépose son drapeau ; la tradition est relevée ; il n'y a plus qu'à ajouter des progrès nouveaux aux progrès anciens, sans jamais briser les liens qui unissent les uns aux autres. L'éclectisme, entré dans la science en un jour de combat et de danger, en disparaît lorsque la science est rendue à ses travaux réguliers, et qu'aucune domination systématique ne la menace. Ce n'est pas là fonder une philosophie médicale nouvelle ; c'est prendre position et suivre une tactique dans les luttes où l'existence de la science est compromise. Ce fut toute la pensée d'Andral.

VIII

Après ses travaux d'hématologie, Andral sembla se recueillir. Il avait parcouru toutes les voies de la science ; clinique, thérapeutique, anatomie pathologique des solides et des liquides de l'économie, il avait tout exploré ; partout il avait laissé son empreinte, et même il lui avait été donné de réédifier une pathologie nouvelle, la pathologie du sang ; n'avait-il pas fourni sa tâche ? Il ne le pensa pas. Andral ne connut jamais le repos, et la science lui semblait à bon droit inépuisable. Une voie restait encore où il ne s'était pas engagé, celle de l'histoire. Nul parmi ses contemporains ne possédait une érudition médicale supérieure à la sienne ; Laënnec seul était son égal en ce genre. Cette tradition dont il prenait si souvent la défense contre les mépris de Broussais, il la connaissait dans ses origines et dans ses développements successifs ; et les aperçus historiques, dont il faisait parfois précéder ses propres travaux, étaient tracés avec une précision et une sûreté magistrales. Mais pour lui ce n'étaient là que de fugitives images de l'histoire médicale.

Faire l'histoire de la médecine, c'était, à son avis, étudier le texte et pénétrer le sens de toutes les œuvres des médecins qui avaient imprimé à la science un mouvement ou un progrès durables ; c'était rechercher, à travers les différences ou les profondes obscurités de langage, la signification des doctrines et des systèmes tour à tour élevés en médecine; surtout, c'était mettre en lumière l'acquisition successive de toutes les grandes vérités, trame immortelle de la tradition; c'était parfois retrouver des vérités oubliées, ou montrer que des vérités émises à un moment donné étaient restées inaperçues, et n'avaient été retrouvées que plusieurs siècles après; c'était enfin juger, à la lumière de la science moderne, tout ce qu'il avait fallu d'efforts, de pénétration et de génie aux anciens maîtres pour constituer, à travers l'ignorance des faits anatomiques et physiologiques, et malgré l'absence de tous les moyens d'analyse et d'exploration fournis par les autres sciences, une médecine réelle, fondée sur la connaissance de l'état général, et guidée par un sentiment si juste des réalités vivantes qu'elle a comme deviné tout un ensemble de notions pratiques que la médecine moderne retrouve et consacre, non sans être surprise de se faire l'écho d'une antiquité qu'on l'avait incitée à dédaigner.

C'est dans cet esprit qu'Andral, dans sa chaire de pathologie générale, entreprit l'exposition de l'*Histoire de la médecine depuis Hippocrate jusqu'à nos jours*. Ces leçons remplirent son enseignement depuis l'année 1852 jusqu'à l'année 1856; à ce moment Andral, voulant se consacrer à d'autres et intimes devoirs, abandonna une chaire où il ne devait plus remonter, et où personne, surtout celui qui écrit ces pages, ne saurait avoir la pensée de le remplacer. Ces leçons, Andral ne les a pas rédigées : il n'en reste probablement de sa main qu'une longue suite de notes. Très-heureusement un intelligent auditeur, et l'un des plus distingués rédacteurs de l'*Union médicale*, M. le Dr Tartivel, les a recueillies avec soin et publiées dans ce journal ; elles ne sont donc pas perdues, et il faut espérer qu'un éditeur saura les reprendre dans le journal où elles sont insérées, et les rendra au public qui les ignore. Ces leçons, comme le titre du cours l'indique, devaient embrasser l'histoire de la médecine depuis Hippocrate jusqu'à nos jours : cadre immense, qui par malheur n'a pas été rempli. Andral, durant les six années de ce cours, a étudié la longue période de la médecine grecque; il s'est arrêté à Galien, et n'a pas dépassé cette dernière grande figure de l'antiquité médicale.

La manière large, approfondie et pénétrante, qu'Andral a apportée à ces études historiques, rend infiniment regrettable qu'il n'ait pu poursuivre l'accomplissement de ses vastes desseins, et qu'il n'ait pas retracé l'histoire de la Renaissance médicale, et celle ensuite de la médecine contemporaine. Quelles saisissantes figures il eût rencontrées en ces temps créateurs, et comme il les eût présentées et jugées sous tous leurs aspects, avec la sereine et souple impartialité de son esprit, avec ses habitudes de critique, plus animé du désir de signaler les efforts heureux, les vérités découvertes ou pressenties, que les erreurs qui déparent les œuvres de nos pères, erreurs qui appartiennent à leur temps, autant et plus qu'à eux mêmes ! Car, c'est ainsi qu'il faut écrire l'histoire de notre science, non avec l'esprit de dénigrement ou de supériorité dédaigneuse, esprit aussi stérile que facile, mais avec l'esprit de respect et même d'admiration, pour tous ceux qui ont aimé et servi la médecine, qui, à travers des difficultés en apparence insurmontables, ont cependant perçu d'éternelles vérités, créé le langage dont nous nous servons et que nul ne remplacera, institué enfin les bases fondamentales de l'art, lesquelles subsistent à travers les transformation et acquisitions que chaque jour apporte. C'est ainsi qu'Andral étudia la médecine grecque. Après avoir exposé les beaux travaux de l'école d'Alexandrie et tracé la grande figure d'Erasistrate, il s'écriait : « Je suis saisi d'admiration, je suis confondu maintenant que je me suis rassasié, pour ainsi dire, de la lecture des anciens, de voir des hommes dénués d'instruments d'observation, arriver par la seule force de leur esprit, à la découverte des vérités fondamentales sur lesquelles repose la science moderne, et, devançant les temps, jeter, dans le monde, des idées vers lesquelles nous ramène chaque jour le travail lent et pénible de l'analyse et de l'observation. » Quel accent ému et sincère, et comme ces lignes honorent le maître illustre qui sait si bien rendre à de lointains devanciers leur part d'honneur et de gloire !

Nous regrettons de ne pouvoir donner une pleine idée du travail profond et original d'Andral sur la médecine grecque. Hyppocrate et Galien sont les deux figures auxquelles il s'est attaché avec une prédilection bien légitime. Pouvons-nous ne pas nous arrêter un instant à considérer la première, celui que les siècles ont appelé le père de la médecine ? Nous laisserons, une dernière fois, parler Andral sur un sujet si digne de lui.

Après avoir largement analysé le livre des *Aphorismes*, voici le jugement qu'il émet sur ce recueil célèbre de sentences : « Le livre des *Aphorismes* est encore utile à lire, mais ce n'est pas à ceux qui commencent leurs études médicales que cette lecture convient. Pour y trouver de l'intérêt et du profit, il faut être avancé dans la carrière médicale, il faut avoir beaucoup vu, beaucoup médité. Lorsqu'un grand nombre de faits se sont présentés à l'observation, sous des faces très-diverses, ce livre qui a paru d'abord stérile, nul, sans intérêt, vient développer, féconder la pensée, et répondre à beaucoup de questions que l'esprit s'était posées à l'occasion des faits observés par lui. On peut comparer le Traité des *Aphorismes* à ces livres composés des pensées ou des maximes des philosophes, livres que l'on dédaigne dans le jeune âge, dont la lecture est pleine de charme quand on a passé par les rudes épreuves de la vie. On ne comprend pas, quand on est jeune, La Bruyère, Pascal, Vauvenargues, qui font les délices des hommes mûris par l'âge et l'expérience. Il en est de même des *Aphorismes*; on ne les comprend pas quand on commence l'étude de la médecine, on les lit plus tard avec un intérêt toujours croissant, à mesure que l'on avance de plus en plus dans la carrière médicale. » (*Union médic*. 1853). Il n'y a rien à ajouter à ces paroles ; elles donnent la note juste. Il est bon que le jeune médecin qui aborde les *Aphorismes*, connaisse les déceptions que lui réserve cette première lecture. Ces déceptions ne prouvent pas plus contre l'œuvre, que ne prouvent contre les maîtres primitifs de la Renaissance les étonnements railleurs de ceux qui contemplent pour la première fois ces peintures à contours raides et presque barbares, mais pleines de foi, de sincérité, de passion, et de grandeur. Qui peut se vanter de rendre au Giotto toute l'admiration que commande son génie grandiose, sinon les initiés, formés par une longue étude à l'intelligence de l'époque merveilleuse de la Renaissance de l'art, et qui en sont arrivés à mesurer le vide, l'enflure, et l'emphase vulgaire, qui déparent trop souvent les œuvres des maîtres chez lesquels l'habileté a remplacé l'ardente et primitive naïveté ?

Voici l'appréciation plus large encore de l'œuvre synthétique d'Hippocrate et l'éloquent portrait que trace Andral de cette souveraine et unique figure : « Nous avons maintenant une idée à peu près complète de ce vieux monde médical si arriéré sous certains rapports, si avancé à d'autres points de vue. Contraste étonnant ! à côté d'opinions étranges, d'assertions généralement hasardées, à côté d'études légères, superficielles, très-souvent fausses, à côté de tout cela on découvre des vues profondes, des principes généraux, dont plusieurs sont des émanations brillantes du génie, des lois générales, des remarques aussi fines que justes sur les causes des maladies, un plan de doctrine dont tous les jalons ont été posés par les médecins de l'école hippocratique. On y trouve des vues ingénieuses et vraies sur les phénomènes des maladies, leur développement, leur marche et leur succession, ainsi que d'excellentes règles pratiques sur leur traitement. A côté de ce qu'il y a de défectueux dans les idées et l'observation des faits se dresse une doctrine puissante qui, dans tous les temps, n'a cessé de trouver des défenseurs et qui, aujourd'hui encore, paraît être à beaucoup d'esprits, sinon dans sa totalité, du moins dans plusieurs de ses parties, l'expression de la vérité.....

« Hippocrate me semble appartenir à cette race d'hommes illus-

tres, noble élite de l'intelligence humaine, à cette race de penseurs qui semblent n'apparaître dans le monde que pour y remuer des idées, et, par une impulsion vigoureuse et féconde, pousser l'esprit humain dans la voie du progrès. Si l'on étudie ces hommes, quelle que soit d'ailleurs la diversité des temps et des pays où ils ont vécu, la diversité des routes qu'ils ont suivies, on trouve en eux je ne sais quelle mystérieuse ressemblance, non-seulement dans la forme de leurs pensées et l'originalité de leur esprit, mais encore dans un certain caractère, un secret particulier de langage. Pascal, Montesquieu, Bossuet, s'ils eussent été des Asclépiades, n'auraient pas, ce me semble, écrit autrement qu'Hippocrate, dans le premier aphorisme, sentence majestueuse et grave, sur laquelle l'esprit ne peut s'arrêter sans être immédiatement porté au recueillement et à la réflexion :
« La vie est courte, l'art est long, l'occasion fugitive, l'expérience
« trompeuse, le jugement difficile. »

« Si, d'un autre côté, le père de la médecine, suivant une autre voie, eût cherché, comme Pascal et Bossuet, à sonder les mystères de l'homme moral, il n'aurait pas, ce me semble, parlé autrement que l'évêque de Meaux, dans ce sublime passage extrait de ses *Oraisons funèbres*. Il s'agit d'une illustre princesse dont beaucoup d'épreuves avaient labouré la vie :

« On la croyait, dit Bossuet, incapable ni de tromper ni d'être
« trompée ; mais son caractère particulier était de concilier les inté-
« rêts les plus opposés, et, en s'élevant au-dessus, de trouver le
« secret endroit et comme le nœud par où on peut les réunir. Que
« lui servirent ses talents ? Que lui servit d'avoir mérité la confiance
« intime de toute la cour, d'en soutenir le ministre, deux fois
« éloigné, contre sa mauvaise fortune, contre ses propres frayeurs,
« contre la malignité de ses ennemis et enfin contre ses amis ou
« partagés, ou irrésolus, ou infidèles ? Que ne lui promit-on pas
« dans ses besoins, mais quel fruit lui en revint-il, sinon de con-
« naître par expérience le faible des grands politiques, leurs volontés
« changeantes, leurs paroles trompeuses, la diverse face des temps,
« les amusements des promesses, l'illusion des amitiés de la terre,
« qui s'en vont avec les années et les intérêts, et la profonde obscu-
« rité du cœur de l'homme, qui ne sait jamais ce qu'il voudra, qui
« souvent ne sait pas bien ce qu'il veut et qui n'est pas moins
« caché ni moins trompeur à lui-même qu'aux autres ? » — (*Union méd.*, 1853.)

Si l'on veut mesurer la vie et l'éclat de ce portrait, que terminent si noblement un appel au génie de Bossuet et les magnifiques paroles empruntées à l'*Oraison funèbre de la princesse Palatine*, qu'on lui compare le *Discours de Barthez sur le génie d'Hippocrate*, œuvre froide, compassée, sans chaleur ni émotion, dogmatique et, néanmoins, dépourvue de l'intelligence vraie de la médecine hippocratique, malgré l'orgueilleuse devise : *Olim Coüs, nunc Monspeliensis Hippocrates!* La médecine de Cos, sous la parole d'Andral, ne montrait-elle pas toute sa grandeur dans l'amphithéâtre de la Faculté de Paris? Et ne disait-on pas pourtant de cette Faculté qu'elle était l'ennemie de la tradition médicale née à Cos et développée par les siècles sous le patronage du grand nom d'Hippocrate?

Or celui qui faisait entendre de tels enseignements, qui exprimait en de tels termes son admiration pour Hippocrate et pour l'antiquité médicale, ce savant qui avait si glorieusement et si utilement lutté, si largement payé sa dette de travail et de progrès, pour qui la retraite n'était ni l'indifférence ni le repos, ce savant, dis-je, continuait à prêter une attention sympathique et toujours en éveil à l'impulsion nouvelle qu'imprimaient à la médecine l'expérimentation physiologique, l'observation reculée par le microscope, les moyens d'analyse fournis par la chimie moderne. Scruter le passé, connaître le présent, pressentir l'avenir, y tendre en faisant appel à toutes les forces, à tous les modes d'investigation, à toutes les sources de connaissance, telle fut jusqu'à la fin sa pensée constante et comme le besoin de sa nature. Il aimait la science d'un amour profond et curieux ; il la trouvait belle et admirable sous toutes ses faces ; il vécut pour elle.

On peut le proposer en exemple aux jeunes générations qui tiennent en leurs mains les destinées futures de la médecine.

www.ingramcontent.com/pod-product-compliance
Lightning Source LLC
LaVergne TN
LVHW021003090426
835512LV00009B/2041